幸福婚姻的26个字母

菲然 著

中国宇航出版社
·北京·

图书在版编目(CIP)数据

幸福婚姻的26个字母/菲然著.--北京：中国宇航出版社，2013.4

ISBN 978-7-5159-0405-4

①幸… Ⅱ.①菲… Ⅲ.①婚姻—通俗读物 Ⅳ.①C913.13—49

中国版本图书馆CIP数据核字(2013)第054708号

策划编辑　田方卿
责任编辑　刘江力　卢珊　　**装帧设计**　文道思

出版发行	**中国宇航出版社**		
社　址	北京市阜成路8号	**邮　编**	100830
	(010)68768548		
网　址	www.caphbook.com		
经　销	新华书店		
发行部	(010)68371900		(010)88530478(传真)
	(010)68768541		(010)68767294(传真)
零售店	读者服务部		北京宇航文苑
	(010)68371105		(010)62529336
承　印	北京嘉恒彩色印刷有限公司		
版　次	2013年4月第1版		2013年4月第1次印刷
规　格	787×960	**开　本**	1/16
印　张	14	**字　数**	208千字
书　号	ISBN 978-7-5159-0405-4		
定　价	28.00元		

婚姻中的26个幸福导向

现代生活节奏加快，加重了每个人承担的家庭和社会责任，也疏远了人与人之间的关系。这种变化，还直接影响了人们的婚姻观念，以至于很多人对婚姻抱持怀疑与否定的态度，对于选择配偶以及婚姻家庭的前景预期，也心存疑虑和不安。有些人把婚姻当作人生的筹码和赌注，更有甚者，根本不相信婚姻里的爱情，他（她）们更在乎自己在婚姻中获得的利益。

幸福的婚姻，是人生圆满的保证。人的一生当中，有三分之二的时间是在婚姻中度过的。如果没有幸福的婚姻，人生幸福指数将会打一个大大的折扣。然而婚姻不是通往幸福的唯一道路，结婚也不意味着可以一劳永逸地获得幸福。要想拥有幸福的婚姻，必须对幸福、对爱情、对婚姻有笃定的信念。首先，你要相信幸福，相信爱情，相信婚姻的神圣与美好。之后，要持续不断地努力付出，以你全部的爱与智慧去经营这份幸福。

在人类历史上，婚姻是一个永恒的话题，然而人们对幸福的定义却见仁见智。身患重病的人觉得，拥有健康的身体是一种幸福；骨肉分离的人觉得，全家人团聚在一起是一种幸福；饥寒交迫的人觉得，丰衣足食是一种幸福；家财万贯往往被众人羡慕，可是富豪们反而觉得，那些平凡清静的人生活更幸福。从某种意义上说，我们应当以平和的心态面对人生，珍惜拥有的一切，好好“享受”自己拥有的幸福。

幸福是一种可持续的快乐状态。很多人在谈恋爱或刚结婚的时候，都能体会到这种幸福感。但是日常生活往往是平淡的，随着岁月的流逝，夫妻双方的缺点会逐渐暴露出来，婚姻生活也会越来越乏味，甚至激发出矛盾，致使婚姻面临危机。有些人总是把“离婚”二字挂在嘴上。长此以往，双方不仅体会不到婚姻带来的幸福，反倒觉得婚姻带来无限烦恼。

现代社会，越来越多的人抱怨自己的婚姻不幸福。我们不禁要问，幸福的婚姻是怎样的呢？夫妻相处之道又是什么呢？其实，幸福的婚姻是双方耐心经营的结果。

夫妻共同生活是有一定节奏的，幸福婚姻也是有规律可循的。本书通过 A ~ Z 开头的 26 个英文词汇，试图诠释婚姻以及婚姻生活的真谛，告诉人们如何获得快乐的爱情，如何经营幸福的婚姻。Communicate（沟通）、Freedom（自由）、Kiss（亲吻）、Memory（回忆）、Underline（底线）、Veracity（诚实）、Zest（热情）……每一个词汇都说明了幸福婚姻的一个因素，诠释了幸福生活一个哲理，代表了幸福人生的一种境界！

这 26 个词汇就像中国功夫里的 26 个招数，顺着这些词汇一路演绎下去，一定可以找到婚姻中所蕴藏的幸福。现在就让我们沿着婚姻的脉络，找到婚姻中的那些关键词，然后好好地经营幸福的婚姻吧！

目录 Contents

A（Accept）接受
尊重和相信自己的选择

世上没有十全十美的人。两个人在一起，重要的不是改变对方，而是接受对方。

生活的真实面貌是平淡

有一个妻子总感觉婚后生活太乏味：每天工作很辛苦，下班回家还要没完没了地做家务，丈夫却不上进，孩子也总是不听话，公公婆婆还常来家里添乱。此外，每月还要为房贷和孩子的学费省吃俭用，每笔开销都需要精打细算。她觉得不堪重负，因此常常问自己，难道一辈子就和这个没有出息的男人这样过下去吗？如果换一个人生活，一定不会是现在这个样子！她一直坚定地认为自己选错了人。

有一天，跟女伴们聊起各自的婚姻和家庭生活，她发现，别人的婚姻生活和她竟然如此相似。原来，大家都有相同的感受和烦恼。

婚姻生活离不开柴米油盐、锅碗瓢盆这样的家庭琐事，更摆脱不了赡养老人、抚育子女的义务和责任，避不开亲朋好友间的礼尚往来，更避免不了夫妻间的小摩擦。

纵使夫妻感情恩爱，也很难做到几十年如一日亲密无间。婚姻中的某些阶段，是两人感情发展的重要时期，如果这些关键时期没处理好双方关系，婚姻就会面临破裂的危机。反之，若处理得当，两人的关系会上一个新台阶。

下面列举了婚姻发展的五个阶段，读后你会懂得：夫妻携手跨过一次又一次的障碍之后，婚姻的内涵才越发丰富。当然，只有白头到老，你才会真正懂得婚姻的弥足珍贵，才能明白婚姻的魅力。

第一个重要时期：新婚期。夫妻正式步入婚姻殿堂，开始了一种不同于恋爱阶段的全新生活，此时两人如胶似漆，恩爱异常。但是热情总是有限的，到了第二年，新婚热情便会褪去，一切恢复原样。此时两人的家庭生活开始围着柴米油盐转，与新婚时的甜蜜落差很大，毫无经验和心理准备的夫妻，极可能出现浮躁心态。此刻，如果双方处理不好关系，婚姻很可能在婚后第二年就触礁。

第二个重要时期：妻子怀孕期。有人说，妻子怀孕期等于丈夫的出轨期。这个阶段的婚姻危机主要缘于“性”。传统观念是，妻子怀孕，夫妻生活终止。怀孕期间，妻子体态臃肿，不能过性生活，因此这段时间丈夫出轨的几率极大。对于孕期丈夫出轨，妻子们总是破口大骂：“你还是不是人啊？老婆为你生儿育女，受苦受累，你却在外面寻花问柳，风流快活，良心何在？责任何在？道德何在？”可是站在丈夫的角度想一想，他也有苦闷，也需要释放。

第三个重要时期：孩子出生后。孩子的降生，给家庭带来了欢乐，同时也会带来一些必须要面对的问题。首先，家庭添丁进口，经济负担会随之增加。其次，在体验家庭快乐的同时，夫妻双方的心理压力也会增大。此外，孩子的出生，使夫妻有限的精力和注意力更多地转移到孩子身上，夫妻间的沟通和交流就会减少，“二人世界”被孩子这个“第三者”打破。这个时期，夫妻常常会因为孩子的问题发生争执和吵闹，关系极易出现紧张。事实上，导致夫妻关系紧张的原因，并非完全是孩子的问题，孩子只不过是双方吵闹的借口。这一时期，如果双方关系处理不好，婚姻很可能走向死角。

第四个重要时期：七年之痒、婚姻厌倦。结婚数年，对对方的了解已经达到了一个相当高的水平，对方的优点和缺点都会暴露无疑，双方在理念上的差异此时也充分地暴露出来。对情感的“疲惫”或厌倦，使婚姻进入了“瓶颈”阶段，如果没有选择有效的方法来突破“瓶颈”，婚姻生活就会走向终结。夫妻之间没有了交流，没有了沟通，爱情变淡了，仅存的亲情似乎也难以维系。有烦恼不向对方倾诉，有快乐也懒得与对方分享，这个时段，是出轨和婚外情形成的高峰期。

第五个重要时期：女性更年期。婚姻持续二十多年以后，夫妻双方这时也四十多岁了，生理与身体状况不可避免发生一些变化，包括相貌的变化和性格上的变化。这个年龄的女人会变得脾气急躁、心情抑郁、敏感多疑……许多年轻时一起经历风雨的夫妻，年过半百时反目分手，很多就和更年期有关。因为缺乏冷静处世的态度，日常生活互不关心，看到对方便无事生非地发出无名火，为鸡毛蒜皮的小事吵吵闹闹，认为对方不可理喻，为避免后半生在摔摔打打中度过，一些人会草率地选择离婚。

毋庸置疑，婚姻是夫妻一辈子的事业。要想经营好这项事业，就应当以积极的心态面对这五个阶段，努力找到应对的方法。除了要理性看待并逐步适应平淡的婚姻外，还要积极创造条件，找回旧日的激情。特别需要提醒的是，在爱情之外，亲情和友情也是维持婚姻幸福必不可少的保鲜剂。

幸福是自己的，不能别人说了算

一位年轻妻子在博客里写道：

我结婚不到一年，老公是追求了我很久的大学同学。结婚前，我一直没把他作为考虑的对象。随着我的年龄越来越大，没有遇到更多更好的交往对象，他却一如既往地追求我，我最终还是选择了他。

客观地讲，他的条件不如我。在同学的眼里，他也配不上我，我的同学都觉得我不应该嫁给他。“你怎么会嫁给他？”好多人都在问我这个问题，这个问题也一直困扰着我，好像在暗示我做错了一件事：我的婚姻不完美，我吃亏了。

这种困扰影响了我对他的热情，影响了我对婚姻的投入，甚至是对未来的追求和向往，我感到自己的婚姻没有丝毫的幸福可言……

这位妻子认为丈夫配不上自己，无非是出于相貌、工作收入、家庭条件的差距。其实，这些根本不足以影响婚姻幸福。女性在挑选婚姻伴侣的时候，往往喜欢用类比法，一个一个地比较，A 比 B 怎么样？ B 又比 C 怎么样？这样比来比去，耗费许多时间，只是为了找到条件最优越，足以跟自己匹配的男人。这种对待婚姻的态度，本来是无可厚非的，但是婚姻双方需要的不是等号，而是加号。一个男人加一个女人，才等于婚姻本身。

很多女孩子在择偶的时候，最先考虑的不是自己对这个人的爱到底有多深，而是对方的条件是否跟自己般配。“他有多少钱？外貌怎么样？学历如何？地位高不高？”通常，女孩子都是怀着这样的心态，经过无数次反复思量和权衡，然后做出选择。

在传统的婚姻模式和婚姻体系中，郎才女貌是天作之合，是双方般配的最高境界。其次就是门当户对。如果两个人相貌相当，身高相配，性格相合，学历相仿……别人都会说是天生一对。然而，两个人看起来再般配，再完美，如果缺少内心的相互吸引与悸动，也只能是别人眼中的“完美”情侣。如果一个男人内在和外在的条件都不如女方，那么在大部分人眼里，这桩婚姻就是不般配的婚姻。

如今出现了很多貌似“不般配”的夫妻，然而当事人却过得甜甜蜜蜜，有滋有味。这种现象几乎颠覆了传统的婚姻观念，让旁观者大为诧异。

有一对被大家认为不般配的夫妻携手走过八年。年轻的时候，妻子是个各方面都普普通通但性格开朗的姑娘，丈夫是个各方面都出类拔萃的小伙子。他们谈恋爱后，很多朋友都觉得女孩配不上男孩，还为男孩感到惋惜。

在别人的非议中，两个人互恋互爱，互相鼓励，感情反而更深了。女孩做销售工作，业绩总是公司第一。男孩在证券公司工作，上班短短一年时间便升为主管。女孩当时承受了很大的心理压力，内心十分沮丧。她觉得这段感情得不到大家的认可与祝福，曾经一度想要放弃。在男孩的鼓励下，女孩放下了心理包袱，很快两人走入了婚姻的殿堂。

婚后，无论是在生活上，还是在工作中，两人都相互支持，相互体谅，夫妻共同努力，经营出一桩让旁人十分羡慕的幸福婚姻。

可见表面的不般配，并不影响他们成为幸福、默契的夫妻。婚姻中没有谁配不上谁，只有愿不愿意真心付出，愿不愿意相互体谅。在人生中，不能让他人的评论左右自己的婚姻选择。

对有些人来说，婚姻并不需要太多的物质成本，他们更享受那些“不足与外人道”的幸福和乐趣，这是别人看不到的地方。所谓般配与否，只是局外人的看法。

事实就是这样，在众人眼中，那些不可思议的婚姻，看起来有点儿失衡的婚姻，反倒可以过得很幸福。如果你的婚姻也是别人所谓的“不般配”的婚姻，那么何必在乎旁人的眼光和评论呢？幸福是自己的，要学会放下包袱，快乐生活。

别用爱的名义去改造对方

爱情与婚姻的真正含义并不是帮助、控制和改造对方，而是发掘、欣赏和接纳对方。但是婚姻中的女人，总是不由自主地试图去改变男人。

苏萨和丈夫小魏谈恋爱的时候，同事都说："小魏是个很专一的人，他能十几年如一日地痴迷于木雕，对你就更不用说了。"苏萨听了心里暖暖的。两人不久便踏上了红地毯。

婚后不久，小两口在银行按揭购买了一套住房，经济上有些拮据，可是丈夫痴迷于木雕，依旧在雕刻工具和模型上大把花钱。对此苏萨颇有微词。

有一次，家里的电视机坏了，苏萨一连十几个晚上没法看韩剧，心情很不好，她打算叫丈夫把影碟租回来。丈夫下班回来，很兴奋地对苏萨说："你猜我带了什么好东西回来？"苏萨暗自高兴："一定是影碟，这呆子原来还是蛮善解人意的嘛！"正想赏他一个吻，突然，电脑荧屏上出现一行字——"民间木雕工艺欣赏"。

苏萨又气又急，张开嘴在他肩上狠狠地咬了一口，趁他还没反应过来，抱着影碟就跑。他忙过来抢，不知怎么把苏萨往外一推，"砰"的一声，苏萨重重地摔在地上，摔得她头皮发麻，眼冒金星。

苏萨借题发挥，坐在地上大哭起来："你买这些东西有什么用？这东西能当饭吃吗？"没想到丈夫却毫不示弱地说："我看见它就可以不吃饭！"

苏萨想，这日子没法过了。她爬起来，拿了两件衣服就往外走。看见她要"离家出走"，丈夫开始心软，急忙追上来说："你知道我对木雕很着迷，大不了我把那些都收起来。"说完便跑进书房，把所有木雕的书籍和工具通通装进纸箱里，放到床底下。看丈夫似乎有悔意，她只好作罢。从那天以后，丈夫把家里的财政大权也交给了苏萨。

自从丈夫与他的爱好“划清界限”之后，就像变了一个人似的。整天一副闷闷不乐、心事重重的样子，吃不好，睡不香，整个人瘦了一大圈。问他是不是病了，他总说没事。苏萨担心他的身体出毛病，想办法找机会跟他沟通，但双休日他总也不待在家里。

一天，苏萨接到朋友打来的电话：“晚间新闻看了吗？你们家小魏周末在给一所职业学校上课呢！好羡慕你哟，嫁了一个这么优秀的老公！”

放下电话，朋友的话一直萦绕在苏萨耳边。丈夫在朋友眼里那么优秀，而她却只看到他的不足。供房与他的嗜好之间没有什么必然的矛盾，都怪自己小题大做。

忽然之间，苏萨有了一种感悟：“爱他，就不要改变他，而是应该试着去接受他，欣赏他。”她忙从床底下的纸箱里，把丈夫的那套心爱之物都搬了出来，分门别类地重新放上书架，让那些根雕、树雕“重见光明”。

经过这次矛盾，苏萨有信心让婚姻生活重新回到初恋时的幸福时光。

婚姻最忌讳的就是试图改变对方，试图用自己的价值观和人生态度去控制对方。如果有这样的想法，婚姻就会失去很多乐趣。其实夫妻之间的矛盾和分歧都不是原则问题，而是生活中的一些小事，有的妻子甚至将丈夫不爱洗澡、不换袜子等不良卫生习惯当作大事来对待。尤其是刚做了家庭主妇的女人，很喜欢一切都按照自己的设想来行事。

当家庭成为一个需要按照规则坐卧行走的地方时，家庭所代表和承载的意义就荡然无存了。如果一个人在自己的家中没有舒心愉快的感觉，那么这个家庭的吸引力就会渐渐消失。

女人不能为别人制定生活规则和行动目标，不能试图让对方一言一行都符合自己的期望和标准，也不要用自己的世界观和价值观去约束对方的行为。有些东西在你看来是必须的，在别人眼中却未必是。

我们并不拥有改造他人的权利，这不是我们的责任，而且也不在我们的能力范围之内。尝试改造他人，必然会导致自己烦恼、沮丧、气愤甚至气馁。要记住，我们能够改造的唯有自己。

改造一个成年男人是何其困难！哪怕是以爱的名义，这也是几乎不可能的。将自己的思想强加给别人，试图改造对方的做法，往往适得其反。现实中，夫妻之间互相改造的结果总是事与愿违，被改造的一方不仅丝毫没有变好，反而还被诱发出强烈的对抗情绪，凡事针锋相对。时间长了，矛盾日积月累，就会恩爱全无，不少夫妻就是因此分道扬镳的。

要想经营一段幸福的婚姻，就要平和地接受对方与生俱来的缺点。爱一个人，要尊重他，帮助他，不要勉强他，嫌弃他。追求美好的婚姻，也要接受婚姻的缺陷，这才是白头到老的秘密！

在婚姻中学会“接受”

在新加坡，曾经有一则绝妙的广告，广告的对象是那些找不到完美恋人就坚决不结婚的年轻男女。

在丈夫的葬礼上，一位太太描述着丈夫生前的坏习惯，包括打鼾、放屁。就在儿女既尴尬又难堪的时候，这位太太缓缓地说：“可你们知道吗？当我丈夫病入膏肓时，这些声音至少让我知道，他‘仍然活着’。”

她转头望向丈夫的遗照，哽咽着说：“现在……我再也无法在睡前听到这些声音了……在生命的最后，总是这些微不足道的事情，让我们永远铭记。正是由这些不完美，组成了我们生命中的‘完美’。”

心理学上有种现象叫“晕轮效应”，意思是说，人们对他人的认知和判断，首先是根据个人的好恶得出的，然后再从这个判断推论出认知对象的其他品质。如果认知对象被标明是“好”的，他就会被“好”的光环笼罩着，并被赋予一切好的品质。

爱情能够制造“晕轮效应”，而婚姻却很残酷地打碎了“晕轮效应”。当人与人之间距离较远时，容易把对方理想化，并且凭借自己的想象给对方套上一个美丽的光环，这个光环几乎掩盖了对方的所有缺点。一旦两个人距离变小，光环就会很快消失，取而代之的，则是将对方的所有缺点都放大，以前的那些优点也都凭空消失了。

地球上没有哪个人是完美的。晕轮效应告诉我们，对方的缺点在你们恋爱的时候就已经存在，只是你没有发现而已。结婚前，他的缺点也是优点；结婚后，他的缺点是缺点，优点也可能变为缺点。接受缺点的确需要一些时间，所以婚后要慢慢学会包容对方。那么，婚后应该如何经营自己的婚姻？和对方生活在一起，要注意哪些方面的问题呢？

总结前文所言，我们不难发现，接受对方其实并不是一件很难的事情。在婚姻中，接受比改变更容易做到，也更容易获益。

1. 认识到婚姻中的不完美，同时积极努力地处理婚姻中遇到的问题。夫妻双方都要以尊重对方为前提，从外表到内心，从过去到现在，完完整整地接纳自己的爱人。也许你会有很多的抱怨，但要想一想，在你打算接纳对方的时候，已经接纳了他所有的不完美。

2. 时常给自己一些积极的心理暗示。心理学家发现，那些想离婚的人，往往认为自己的婚姻到处都是问题，而那些不想离婚的人，总能发现婚姻中的美好。只要你注意到婚姻中的积极因素，就会加倍地呵护它，这时你的婚姻反而成了镇守爱情的城堡。

3. 底线之上，没什么是不可以接受的。有一个老太太，在她结婚 50 周年纪念日上，向来宾道出了多年来保持婚姻幸福的秘诀。她说："从结婚那天开始，我就列出了丈夫可以原谅的 10 条缺点。每当他做了错事，让我火冒三丈的时候，我就会马上提醒自己：'算他运气好，他犯的是我可以原谅的那 10 个错误中的一个。'"

4. 既然选择了原谅，就原谅到底吧！对方做的事情不可能件件都让你满意，有时还会让你生气。当你选择了原谅，就要彻底放下。放下对方的错误，就等于敞开了自己的内心。比如丈夫出轨，当他真心悔改之后，你却久久不能释怀，这样的日子能很好地生活下去吗？

B（Belief）信任
彼此信任是一种坚固的力量

信任是一根牵心的线，收放自如，才会使婚姻更牢固。

不要纠结于与你无关的往事

尹雪在收拾屋子的时候，发现了丈夫婚前写给一个名叫萱萱的女孩的一封情书。在情书里，丈夫表达了对萱萱的爱慕之情。情书末尾还写道：我将爱你一辈子！

看到丈夫的这封情书，尹雪非常不满："虽然那封信是我们俩确定恋爱关系之前写的。但是我怀疑他还爱着她。如果我爱的人却爱着另外一个人，我会很难过的，也很难接受。我不愿活在另外一个女人的阴影里，我该怎么办？"

朋友劝解说："那只是他的过去，何必在意呢？要知道，现在陪在你丈夫身边的是你，你才是最后的赢家。"

仅凭过去的一封信就确定他爱谁，是不是太草率了？爱情是没有常态可循的，关键是，他爱别人是在遇到你之前，还是遇到你之后。若在遇到你之前，那他有什么过错？他爱别人，只能说你迟了一步，这并不是背叛。爱一个人，何必在意他曾经爱过谁？

爱他，就要信任他，就要接受他的过去。或许他过去曾深爱过某个人，对这个人说过一些海誓山盟的话，做过一些轰轰烈烈的事。问题在于，那一切都已过去了。要记住一点：什么都不及你现在所拥有的。

日本作家高见顺的小说《生命树》里有这样一个情节：一个女孩交了一个男朋友，男朋友总是不信任她，并想方设法了解她的过去，知道了她曾经有一个情人，女孩的脸就是被他割破的。当男友夜里梦见她与旧情人同床共眠后，便粗鲁地摇醒她并质问道："你一直都在想着他，他身上一定有什么特殊的东西吸引你！"女孩伤心地说："他只不过割破了我的一块脸皮，但是你比他更残忍！"

爱一个人，何必在意他爱过谁？不管他曾经爱过谁，毕竟现在跟他在一起过日子的是你。他过去爱过什么人，最好不要打探，否则徒增烦恼。就算知道了，也不要多疑，多疑是爱情的大忌。一旦对方爱过的那个人成为你们婚姻生活的羁绊，你们的爱情和婚姻很可能只有死路一条。

很多人在乎爱人过去的感情，这源于自己潜意识中的不自信。他们不但要占有爱人的现在和未来，而且还想掌握对方的全部历史。这类人有一种强烈的个人占有欲，不允许其他同性与自己共同分享，这种爱具有自私性、排他性、独占性等特点。有一部分人则懂得宽容，他们不要求爱人“历史”清白，更关心对方的现在和将来。

一般来说，男性比女性理智，更愿意把情感放在眼前，放在未来，不像女性那样感情用事，容易沉溺于过去。西方有一个理论，可以很好地说明这一点。这个理论说，女人就像一座海岛，第一个登陆上去的男人会成为主人，之后上来的男人其实都是游客。

经营一段婚姻生活，就应该像很多人说的，“不在乎过去，只在乎现在”。只要过去不影响现在的感情和婚姻，给对方留一块私人领地也无妨。其实在成为恋人和夫妻之前，很多人都有过一些恋爱史。历史可以被忽略，但不能被抹杀。既然接受一个人，就应该接受一个人的全部。

如果你对他的过去总是无法释怀，或许你可以先试着接触他的家人，走进他的生活，说不定就会找到一些问题的答案。此外，如果你觉得爱人有什么事情隐瞒了你，在他面前，你可以试着心平气和地与他相处，让对方觉得你有足够的承受能力和他一起面对问题，那时候他也许会主动把秘密告诉你。

记住：太在乎过去只会自寻烦恼，让彼此的爱消失殆尽，伤了自己，也伤了爱人的心。不要给自己的精神套上重重的枷锁，生活是要继续的。

冒险的“换手机”游戏

常春藤青翠美丽，枝蔓茂密，姿态优雅。种在墙垣上，枝叶悬垂，如同绿帘；种在树下，它就会攀上树干，展示另一番风采。生活中的一些女人，就犹如攀在树干上的常春藤，虽然婀娜多姿，却柔软地依附在树干上，稍不留神就会变成缠劲十足的蛇。

巫裕华是朋友圈里出了名的富家太太，她深爱着她的丈夫，简直到了“爱不释手”的地步，希望丈夫时时刻刻都保持在自己的视线范围之内。

除了上班，她一分钟也不愿意丈夫离开自己。如果丈夫在外面与好朋友吃饭聊天，就非要带上她不可。即使不能一起参加聚会，她也会半个小时一个电话，十五分钟一条短信发给丈夫。如果知道丈夫同其他女性说话，她就会不停地盘问，若得不到满意的答案，便会上演“一哭二闹三上吊”的把戏。有时丈夫到邻居家串门聊天，只要超过二十分钟，她一定会找上门去。

巫裕华说：“只要他不在眼前，我就会感到焦虑，感到特别担心。脑子里就会想象他和别的女人在一起的情景。他说让我信任他，我也真的很想信任他。我知道他爱我，他也从来没有对我说过谎，但是我就是会情不自禁地缠着他。你不知道，当我看到他和其他女士有说有笑，我心里有多难过！”

虽说巫太太的这种行为有些极端，但是婚姻中确实有很多人存在类似的行为。为了寻求安全感，他们把爱人视为自己的“私人财产”。既然是“私人财产”，就必须一切听命于自己，进而忽略和无视对方作为一个独立个人存在。在这种情况下，他们往往表现得很强势，什么事都要管，什么事都想管，稍有不满意之处，便会对爱人采取惩罚措施，甚至当众羞辱，根本不考虑对方的尊严和感受。其实，出现在婚姻中的控制欲，与其说是控制对方，不如说是缺乏自信、怕被抛弃的一种表现。

婚姻中的每个人，特别是女人，最渴望的是被爱，最不愿看到的是爱人对感情的背叛。婚姻中的女人要懂得，信任是一切的基础。一个了解男人的妻子不会说："我没办法不怀疑他，我们一起逛街时，他总爱看美女。"因为她知道，几乎每个男人都会这样做，这并不意味着他会背叛婚姻。一个了解女人的丈夫，也不会因为妻子偶尔卖弄风情感到担心，因为他知道，每只小鸟都喜欢炫耀漂亮的羽毛。

婚姻应互相信任，互相尊重，平时要多理解和沟通。要做到信任对方，最重要的是控制自己的好奇心。

有一个网站曾经做过一项调查：和爱人换用一天手机，你敢吗？这次调查通过论坛、QQ 群和手机短信三种渠道同时进行，共有 116 人参加。其中，82 人表示不会和自己的爱人换手机。问及大家不愿意交换手机的原因，大多数人认为：双方都需要一个独立的空间，如果耽误了事情，会产生不必要的误会和麻烦。愿意交换的一方则认为，这样的方式可以试探一下对方心里是否有鬼。

或许在不少家庭中，有不少的妻子会赞成和爱人换用一天手机。但是采用这种方式窥探丈夫的隐秘，只能说明你在婚姻中极不自信。如果整天查阅对方的手机和 QQ 聊天记录，甚至想知道他每一个朋友的电话号码，这样的婚姻会有幸福快乐可言么？

两个人走到一起是缘分，不能因为一点小事，破坏这来之不易的姻缘。如果一段婚姻没有包容与信任，那是不可能得到幸福的，甚至到头来还会给自己带来更多的伤害。

多给对方一些包容与信任，同时也能给自己更多的自由和轻松，这样的事何乐而不为呢？

“试探”是用欺骗测试欺骗

网上有一则笑话，说郭晶晶和霍启刚结婚，解决了一个世界性难题——“我和你的母亲同时掉进河里，你先救谁？”

的确，在这个问题上，不知多少男人被搞得焦头烂额，多少女人对得到的答案怒气冲冲。有人说，是不是真爱一试便知，真爱就要经得起试探！那么我想反问一句，真爱又何需试探？试探是对自己缺乏足够的自信，还是不信任对方，抑或不信任你们之间的爱情？

几米的爱情语录中有这样一句话：不要去试探爱情，因为爱情是不堪一击的。你要么从头到尾相信爱，要么就别爱。反复不停地试探，其实是用欺骗来测试欺骗，这样做反而会摧毁信任的基础。

当你爱上一个人时，就意味着愿意去相信对方，虽然相信可能会让你受伤。爱情不就是把人生押在一场结果未知的赌博中吗？唯有时间才是对爱情真正的试探。

生活中，有很多人喜欢用爱情作幌子，把爱人逼到进退两难的境地。那个深夜把电话打到对方酒店房间里的人是你吗？那个稍有机会就偷看对方短信、通话记录的人是你吗？那个不时制造矛盾，让你们的爱“轰轰烈烈”的人是你吗？

女人喜欢试探男人，挖空心思想知道自己在男人心自中的地位，但这常常让男人们反感。聪明的女人不会用这种手段去试探男人，因为这个男人早已被她掌握在手心里了。

爱情的基础是互相信任。给对方足够的空间，还是时刻刺探对方的行踪，把对方死死抓在手心里？充满猜忌、试探和考验的爱情，还能不能叫爱情？喜欢在感情里玩试探游戏的人，一部分属于不安心，不自信，一部分则是喜欢耍小聪明。但不管是哪种，你都需要好好想一想，面对婚姻和爱情，是不是真的值得这样做。

丈夫晚归，没有向她解释半句倒头便睡。她辗转难眠，半夜把他叫醒，追问晚归的缘由。他说她疑心病太重，让他觉得压抑。她觉得和他在一起没有了安全感，两人大吵一架。这是结婚两年多的时间里，他们争吵最激烈的一次。碍于面子，谁也没有先开口说道歉，冷战就这样持续着。

妻子忧心忡忡，感觉丈夫的心已经另有所属，对自己没了兴趣。趁丈夫出差的时候，她申请了一个新的QQ号，请求成为他的好友。他并没有问她什么，很快通过了她的请求。她有些失落，难道只要是陌生女人敲门，他都放行吗？

就这样，两人聊了起来。接下来的几天，她每天都和他在网上聊天。有一天，他告诉她，他和妻子吵架了，她问："可不可以告诉我，出了什么问题？"对方却没有了回音。

然后她发了一条信息：有"爱"在，还有什么问题不能解决？

很快，他的回复来了：你不了解我们的情况。

她说：百年修得同船渡，千年修得共枕眠。好好爱你身边的女人吧。

他回复：我身边的女人，蛮不讲理，让我觉得窒息……

她说：家，就不是个讲理的地方。家是讲"情"的地方。你身边的女人喊你一声"老公"，是让你疼的！

他回复：朋友，我不认识你，你也不认识我。我们因为一个美丽的错误，才有了今天的邂逅。

她想试探试探丈夫，看他是不是喜欢上了别人。于是接着问："你，还爱她吗？"

他回复：我当然爱她，可是不知道为什么会爱得这么痛苦。

当她确定对方还爱着自己的时候，她的心里舒服多了。她仓促下线，以后的日子里，她也尽量表现得十分温柔。似乎他们的关系有所缓和。

不幸的是，有一天，丈夫在电脑中发现了这个QQ号，知道了一切。丈夫顿时觉得自己的尊严受到了挑衅，质问她为什么冒充陌生人来试探他。于是他们的关系又陷入了另一个僵局。

当爱情遇到试探，遇到挑战，是否真的会变得很脆弱？能做到"富贵不淫、贫贱不移、威武不屈"的有几人？其实，爱情被现实折价的事情不止这一出。爱情也许有附属物，也许有附加值，但请找好平衡点，别做无谓的试探。要知道，试探对方等于试探自己的真心。也别有过分的欲望，他人没有义务一味地满足你的需求。

爱情，从来都不是用来试探的。因为他并不知道你对答案的预想，所以很可能给不出你所希望的答案。你因为对方没有给出自己想要的答案，便迁怒于对方，这对对方是不公平的。在婚姻中，信任并尊重自己的爱人，是至关重要的。只有在这个前提下，才能使自己的婚姻更加美满和幸福。

“信任”有“改变”的能力

报纸上曾经刊登过这样一则新闻：一对四十年婚龄的夫妻，由于一点争执，妻子失手用水果刀捅伤了丈夫。好在丈夫被及时送到医院，因此捡回了一条性命。

到底是什么原因，让这个将要安享晚年的妻子对相濡以沫的丈夫如此狠心呢？原来妻子年轻时就怀疑丈夫有婚外情，怀疑到了极致，甚至找人跟踪调查丈夫的一切行踪。妻子长期把丈夫当贼一样防范，无端地生出许多猜忌，争吵、冷战、家庭暴力也随之而来。他们就这样磕磕碰碰地过了四十年。

原本一个可以过得很幸福的家庭，被妻子折腾得鸡犬不宁。丈夫的宽容和忍让反而加重了妻子的疑心，这不但伤透了丈夫的心，还给儿女带来了心理阴影与情感伤害。现在儿女都已成年，并组建了各自的家庭。可妻子依旧感觉丈夫对自己不好，心中极不平衡。心中沉寂多年的猜忌像火山一样爆发，就酿成了这次惨剧。

夫妻本没有血缘关系，却是在同一个锅里吃饭、在同一张床上睡觉的人。夫妻关系本该是很亲密的，倘若都像这个妻子一样无端地猜忌，就会给双方带来无尽的伤害，这样的婚姻生活必定是痛苦的。

感情不是靠一方的强力控制来维持的。猜疑会给双方带来伤害，一旦有了猜疑，信任会像钙一样流逝。一旦婚姻中缺失了钙，就容易出现裂痕。只有彼此信任，感情才会越来越深，亲情也会更加浓郁，家庭才能幸福美满。

汉武帝时，有一个女子叫卓文君，嫁给了当时有名的文学家司马相如。有一次，她听说司马相如要背弃她，另择佳人结婚，就写了一首《白头吟》，以表达自己忠于爱情的决心。司马相如读完诗后，内心十分震撼。从此，司马相如断了再娶的念头，与卓文君夫唱妇随，厮守一生。“愿得一心人，白头不相离”的爱情故事，也得以流传千年，直至今日。

信任有改变现状的魔力。在《积极思考就是力量》一书中，作者讲了这样一个故事：丈夫有了外遇，要跟妻子离婚。妻子说：这件事很重要，四十天后再说吧！妻子相信丈夫会回头。她常常回想以前两个人的幸福生活，想象着丈夫坐在他以前常坐的椅子上。结果有一天，丈夫真的回家了，并且又坐在那把椅子上。慢慢地，他开始经常回家，并且两个人一起外出旅游。到第四十天时，妻子问丈夫是否还坚持要离婚。丈夫说，说什么傻话，我可离不开你。

信任在婚姻中尤为重要。信任可以挽回一段面临破裂的婚姻，怀疑却能破坏一段幸福的婚姻。“有比黄金还要贵重的信任，有比大海还要宽广的包容，有比高山还要崇高的责任，有比爱自己还要宽广的爱。”这段话读起来非常轻松简单，可是在婚姻中，大家是否做到了这一点呢？

在婚姻中，如何才能做到信任对方呢？

首先，试着放弃“疑点”，相信你们的未来是美好的。夫妻之间，任何时候，任何地点，都要避免疑神疑鬼。现实中，很多夫妻有一个误区：希望爱人好，但不往好处想对方，总往坏处想，最后的结果是好的变坏，假的成真。疑神疑鬼，无异于给自己挖了一个痛苦的陷阱。要多往好处想对方，越往好处想，你感觉到的美好东西就越多，幸福感就越强，夫妻之间吸引力就越大，婚姻生活也就越甜蜜。

其次，试着交出“控制权”，赢得对方的信任。要被爱人信任，首先要学会信任对方。有时候交出控制权，反而能够得到对方的信任。对方在处理两人关系中也有主导权，生活中的事不是由一方决定的，婚姻要由双方共同经营，对方也一定很乐意建立信任关系。保持开放的态度，公开分享自己的一些观点和想法，乐意与爱人对话沟通，仔细聆听爱人的倾诉，站在爱人的角度思考，才能更好地赢得对方的信任。

再次，宽容谅解，互相尊重。夫妻间要做到宽容谅解，遇到事情要冷静处理。不要一时冲动说错话，做错事，导致夫妻矛盾增加，甚至婚姻破裂。夫妻间除了要做到互相尊重，还要尊重和信任对方的家人。尊重和信任对方的家人，就等于尊重爱人，信任爱人，更能赢得爱人的心。

最后，学会表达，真诚沟通。夫妻之间的真诚沟通是幸福婚姻的重要条件，更是消除误会最简单、最直接的方式。当你心里有了不信任爱人的想法以后，就应该积极主动地与爱人沟通。沟通的时候应该心平气和，千万不能冲动。我们可以用眼神、语言对爱人表达自己的信任。养成说好话的习惯，话说出来之前先在嘴里停留三秒钟，思考一下说出去会有什么样的后果。遇到一些事情要冷静地处理，要坦诚地交换意见。可以试着坐下来，心平气和地交换自己对事情的看法，通过沟通来解决问题。

C（Communicate）沟通
走进对方的内心世界

婚姻中如果两个人缺乏沟通，就会产生很多的误会，导致相互猜忌。

沟通才能走进对方的心灵

也许你听过这样一个故事。

一对夫妇有三十年的婚龄，在周围朋友眼中，他们是一对恩爱夫妻，从来不吵架，堪称婚姻中的典范。

那一天，刚好是丈夫的五十八岁生日。妻子为了讨丈夫欢心，不但准备了一大束鲜花和一个大蛋糕，还准备了一餐很有情调的烛光晚宴，做的都是丈夫平时最爱吃的菜。

吃饭的时候，妻子像往常一样，把丈夫最喜欢吃的鸡腿夹到他的餐盘里。这时，丈夫眼中突然闪过一丝泪花。妻子便问："有什么事情吗？"

丈夫迟疑了一阵，终于开口说："结婚这么多年，我每次过生日，你都把鸡腿给我吃，但我从来就不喜欢吃鸡腿。"

这次轮到妻子惊讶了。原来她自己一直很喜欢吃鸡腿，但因为爱自己的丈夫，所以每逢餐桌上有鸡腿，妻子都把自己喜欢的鸡腿给了丈夫。可没想到的是，原来丈夫根本不喜欢吃鸡腿。

故事中的这对恩爱夫妻，相濡以沫三十年，太太竟然不知道丈夫爱不爱吃鸡腿，这难道不是双方的沟通出现问题了吗？许多人把"不争吵，不红脸"看作是夫妻关系和睦、婚姻生活幸福的唯一标准。从表面上看，这种观念没有什么不对，但仔细想想，这里面其实存在很多的问题。

为了维护良好的婚姻关系，夫妻双方必须有能力做有效的沟通，而沟通是需要学习的。信口开河，无理取闹，讲些没有根据的话，或口不择言讲些伤害人的话，都会给婚姻抹上一层阴影。根据研究，婚姻破裂的原因，有百分之八十是缘于夫妻之间缺乏良好的沟通。也就是说，缺乏良好有效的沟通，是夫妻离婚的主要原因。

一位学者说过：沟通不像添置家具，可以买现成的回家。沟通是借着分享彼此的生命，渐渐培养出来的。沟通只是一种方法，而不是结果。婚姻的结果不在沟通，而在爱。

那么，夫妻之间平时交流应该注意哪些问题呢？

第一，语言啰嗦不如精炼。俗话说，“话讲三遍如稻草”，意即话重复的次数多了，就没有价值了。唠叨个没完，若对方不理睬你，直接影响了你的情绪，你会不高兴；若对方回应你，又会引来你更多的牢骚，实在是浪费时间。时间长了，对方自然就会烦了。

第二，平时说话注意对方的感受。不少人误以为沟通就是双方坦诚相待，把心里的想法和感受统统讲出来。其实夫妻双方要过滤说话的内容，以免伤害夫妻之间的感情。有些话题是对方的禁忌，不妨绕过这个话题。例如，丈夫的学历不高，有关学历的谈话比较敏感，做妻子的就不要以此为话题，以免伤害丈夫的自尊心。不要随意揭露对方的隐私，不要故意触及对方的痛处，不要拿对方的人格开玩笑。每个人都有自己的弱点，也都有自己的尊严，要相互理解和尊重，婚姻才能维持长久。

第四，平时聊天的范围不要太窄。夫妻间的话题，不要局限于家庭琐事，还可以谈谈工作上的事，有些人认为夫妻之间的沟通就应该是夫妻之间的事，家庭中的事，其实不然。我们要想全面了解对方，就要关心家庭以外的所有事情。相互间谈谈工作上的事情，谈谈自己对一些事的看法，交流一下工作心得，这本身就是一种了解。有高兴的事，说出来共同分享就能让高兴持久；有不顺心的事，说出来请对方指点，就能减轻压力和烦恼。交流这些话题，本来就是夫妻间相互支持、相互信任的表现。

最后，如果沟通时出现了矛盾，要懂得道歉和原谅。一旦你无意中伤害了对方，一定要收起自尊，向对方道歉，请求对方原谅。同样，如果是对方错了，当他跟你认错的时候，也不要犹豫，最好马上原谅他。沟通中出现矛盾时，不要翻旧账，也不要穷追猛打，更不要得理不饶人。婚姻不是打擂台，没有输赢，不需要扳回一局。

倾听往往比表达更有力

夫妻双方应该学会敞开自己的心扉。除了准确清楚地表达自己的想法和观点外，还要注意倾听对方的声音。许多婚姻危机往往是由于夫妻双方没有用心倾听对方，使对方产生不被重视、不受关注的心理感受造成的。

倾听是一门学问。懂得倾听的妻子能够更好地抓住丈夫的心，并且给丈夫带来更多的灵感。我们常常听人讲，“每一个成功男人的背后，总有一个伟大的女人”。我认为这个伟大的女人，一定是一位能够倾听丈夫的妻子。合格的妻子，都会从丈夫的言语中听到丈夫最近在忙什么，有什么让他开心的事，工作或社交中遇到什么困难，并适时提出自己的想法和建议跟丈夫交流。只有在不断地倾听、交流中，才能更好地了解彼此的思维方式、生活习惯、工作强度，了解了这些，才能进一步交换意见。

苏苏为人热情开朗，性格活泼。丈夫何科是个“闷骚男”，性格沉稳，话语不多。这种组合在朋友们看来很“搭”，让人羡慕。婚后他们的日子过得平淡如水，没有任何波澜，俩人也乐在其中。唯一让苏苏不满意的是：每次都是她喋喋不休地说，何科在听，任何话题一律不发表意见。偶尔会惜字如金地吐出“嗯”、“哦”两个字，除此之外没有任何表示。

在一次聚会中，苏苏向闺蜜大吐苦水：“谈恋爱的时候，每天通三四个小时的电话，短信也有数十条。他虽然话不多，但总会讲几句。可结婚后他怎么越来越不爱说话了，弄得我都不知道怎么跟他沟通。为了避免冷场，我只能不停地说，可效果适得其反。”

闺蜜说：“你总在不停地说，有没有给他机会让他说，认真听他说呢？”

苏苏：“我问过他，可一见到他沉默不语，就马上接着说下去……”

闺蜜："你为什么不试着停下来，做一个倾听者，听他说呢？"

苏苏回忆了生活中的点滴，忽然意识到，这完全是自己的问题。有一次，何科说起公司的一些事情，刚说到一半，就被她打断。她自己发表了一通意见，结果让丈夫无话可说。这样的事情不止一次。她总是自以为是，随意打断何科的讲话，不愿意倾听，久而久之，何科就干脆放弃了。造成今天这种局面，原来是自己不愿意倾听。

女人常常喜欢把唠叨和埋怨当作沟通。很多家庭中都有这种现象：女人"痛说革命家史"，而男人则沉默不语。有时候，女人希望男人对自己敞开心扉，抱怨男人不愿意和自己交流，事实上，是女人没有给男人提供可以敞开心扉的环境。

生活中，想想是不是这样：每次一交流，通常最终都演变成女人讨伐男人的战场，即使女人错了，也会找出一大堆事实支持自己的观点。最后不是男人不想说，而是无话可说，并且说了也没用。一开口阐述自己的理由，就会被女人抢白，好像在为自己辩护一样，招来女人极大的不满……慢慢地，男人就越来越畏惧同女人进行对话、沟通和交流，就不愿意说了。作为妻子的你，不妨跟丈夫互换角色，让丈夫成为倾诉者，你成为倾听者，也许这样会让沟通变得更加畅快。

心理学家认为，对妻子而言，能够让丈夫尽情倾诉自己无法向他人宣泄的苦恼，是妻子所能做的最重要的事情之一。对于丈夫而言，出于男性的自尊，一般不想听从劝告，不论他们表述的是工作中的烦恼，还是对人际关系的困惑，抑或是工作上的喜悦。他们只希望妻子能够主动、安静地倾听。能够认真地倾听，就是对他们最大的安慰和最好的尊重。

夫妻之间需要沟通，更需要倾听。当你的丈夫在倾诉时，却发现无人倾听，这无疑会让他感到沮丧，还会打击他的积极性，让他变得沉默寡言。一旦他习惯了沉默，你再唤起他的表达就困难了。倾听是调节夫妻关系的润滑剂，每个人在烦恼和喜悦时都渴望对人倾诉，丈夫同样也希望妻子能够倾听，并且恰当地给予理解与赞同。

倾听往往比表达更有力。倾听除了用耳朵，还要学会用心。懂得倾听的女人会更迷人，而且会给婚姻生活和丈夫的事业带来莫大的益处。

冷暴力让婚姻跌入“冰谷”

交流的尺度很难掌握，虽然唠叨常常是无效交流，但总好过夫妻间的沉默。沉默，可以是妥协，也可以是蔑视，但更多的是武器，这种武器可以轻易毁灭夫妻之间的感情。除非你有勇气面对僵尸般的婚姻，否则还是不要吝惜开口。

三十岁的卓娅在一家经纪公司上班，薪水高，工作忙，应酬多。丈夫高博是个温柔体贴的好男人，从恋爱到新婚，两人恩恩爱爱，没有红过一次脸，没有吵过一次架。可是结婚刚满一年，卓娅和老公就陷入了冷战，起因竟是一通莫名其妙的电话。

一天半夜，卓娅的手机突然响了，但她还没来得及接听对方就挂断了。卓娅睡得迷迷糊糊的，也没在意。大约凌晨三点，电话再次响起。卓娅接起后，没有人说话，只是一片嘈杂声。原来卓娅的一位男同事晚上有应酬，吃完饭去了KTV，一帮人又唱又跳，手机键盘没有上锁，不小心拨出了两通电话。偏巧卓娅之前和他通过电话，所以直接回拨到卓娅的手机上了。

高博却觉得电话肯定有鬼，要求她坦白交代。卓娅哭笑不得，说这只是误会，有什么可交代的？丈夫居然如此不信任自己，一有风吹草动就兴师问罪。

卓娅认为丈夫是在无理取闹，于是只冷冷地瞥了他一眼，自己一声不吭地倒头继续睡觉，把正处于愤怒中的丈夫晾在一边。愤怒中的丈夫则把卓娅的手机摔到地上，然后摔门而去。

就是这样一件事，导致夫妻俩陷入冷战，见面不说一句话，互不理睬对方。晚上睡觉，两人也分居两室，互不干涉。

有一次婆婆来串门，为了不让老人看出家庭的僵局，两人才敷衍着睡到了一张床上。卓娅本想借晚上睡觉的机会和丈夫和解，谁知刚关上卧室的门，丈夫就冷冰冰地把枕头和被子扔给卓娅，让卓娅睡在地板上。看着丈夫绝情的样子，卓娅也不甘示弱，决心同他继续冷战到底。

其实卓娅有些后悔：如果那天晚上自己不是那种轻蔑的态度，而是向丈夫好好解释清楚，误会不是很容易被解开吗？甚至两个人大吵一架，互相质问对方，可能都比冷战强得多。

夫妻间产生矛盾时，一般都会恶语相向，甚至发生肢体冲突，进而互不理睬，长期不说话，出现家庭“冷暴力”。所谓家庭冷暴力，也叫家庭精神暴力，是指夫妻双方产生矛盾时，一方或双方态度冷漠，将沟通交流降到最低限度，停止或敷衍性生活，不勤于做家务的非暴力行为。在现代婚姻中，冷暴力正逐渐成为越来越多的家庭可能遭遇的问题。

现代家庭中，夫妻双方文化教育水平大都比较高，对传统的暴力行为都比较克制。当夫妻产生矛盾时，碍于面子，他们不会轻易厮打怒骂，而是“理智”地采取冷暴力这种消极应对方式。冷暴力常常表现为“三不政策”：不说话、不理睬、不关心。偶尔说句话，也常常是嘲笑式的语言折磨。

冷暴力下的语言和态度，与一般的愤怒不同，愤怒说明对方还“在乎”你，但默不作声这种冷暴力带来的伤害，却让人颤抖和绝望。长期处于冷暴力之下，人的心理防线很容易崩溃，造成的破坏力也更大、更持久。可是要主动解散婚姻，夫妻一方或双方又会有很多顾虑，所以这种情况很容让人走向极端。

沟通是婚姻幸福的必要条件。家庭爆发矛盾后，如果夫妻双方都选择冷暴力，以沉默对抗对方，对于婚姻的伤害是不可估量的。

当面对家庭冷暴力时，该如何应对，怎么解决呢？

第一，换种交流方式。如果夫妻双方都不愿说话，可以采用其他交流方式。比如发短信，写邮件，或者就写在纸上，把想跟对方说的话，想表达的意思写下来交给对方。

第二，换个话题。如果家里有孩子，可以从孩子的学习、工作、生活等方面的话题逐步展开交流，实现有效的沟通。如果没有孩子，可以考虑为两口之家增添一个新成员。

第三，互相尊重和理解。在家庭生活中，要注重互相理解，经常进行沟通交流，遇到问题不要藏着、掖着，要把事情摆出来，大家一起寻找解决的方法，而不是互相埋怨，互相指责。对于双方都不愿提的话题，可以暂且放下，先说一些无关紧要的话题，然后逐步地、真诚地增加沟通。

第四，主动提出同对方和解。如果是对方造成的问题，主动原谅对方会表现出你的大度。不管是谁挑起的矛盾，你都应该主动提出和解，找一个时间，在没有第三者的场合，开诚布公地把一切影响双方关系的问题都摆在桌面上谈一谈。

第五，暂时分开，冷静一段时间，给彼此一个宽松的空间。夫妻之间出现了严重的问题，暂时分开一段时间也许是一个好办法。但要记住，分开的时间一般不要超过一个月。经过一段时间的冷处理，想起对方的种种好处，或许就能心平气和地与对方沟通，以缓解紧张的夫妻关系。

争吵是婚姻的“益生菌”

大部分夫妻在新婚阶段甜如蜜糖，等到蜜月期过后，就逐渐看到对方的缺点，各种矛盾和分歧随之产生，于是吵架成了家常便饭。夫妻之间因为某件事情发生争执，若无一方妥协，夫妻矛盾就会升级，彼此心里都充满愤怒和怨气。

然而吵架并不说明不爱对方，彼此不合适。吵架只是说明双方的沟通技巧有待提高。从某种程度上来说，吵架也是一种有效的沟通方式。有架可吵，好过无话可说。换句话说，如果你懂得一些吵架的“技巧”，也就等于懂得了一些经营婚姻的技巧。

有时候，我们想方设法在口头上压倒对方，所争的只是语言上的一时之快。长时间积累下来，便是“为吵架而吵架”了。夫妻的冲突，口头上已经失去了争执的意义，纯粹是为了发泄怨气。假如我们有话要说，不妨先按捺住自己冲动的情绪，听听对方说些什么。当对方感到你的尊重与关怀时，自然会用同样的态度待你，愿意接受你的意见和想法。这样一来，畅快沟通就不成问题了，婚姻也会从此走上坦途。

下面来看看现实生活中的这一幕。

在一次与妻子娘家人的重要聚会中丈夫迟到了。因为一大家子人都执意要等，妻子觉得很没面子，于是丈夫到了之后，妻子和他吵了起来。

“约好了6点到饭店，你迟到15分钟也不打个电话说一声。大家都问你到哪儿了，我什么都不知道，弄得像白痴似的！”

丈夫：“你又不是不知道这条路经常堵车，你们可以先吃啊，又没让你们等我。”

妻子：“你迟到了，让我在家人面前很没面子！”

丈夫：“到底谁没面子？你在大家面前教训我，让我一个大男人脸往哪儿搁呀？”

类似这种因为“面子”引发的争吵，在夫妻生活中时有发生。

夫妻间吵架的原因，基本上都是一些鸡毛蒜皮的家庭琐事，比如爱人懒惰，不爱做家务，今天谁做饭、洗衣服等，有些夫妻甚至为了谁削苹果闹得不欢而散。

当你感到愤怒的时候，或者爱人发怒了，就应当停止对话，或者转变话题，谈一些无关紧要的话题，或者走出房间喝杯水，等情绪平静下来再接着说。息怒之后更容易冷静地思考问题，更容易倾听对方的观点，有利于找出解决问题的办法。

如果睡觉之前吵起架来，最好先睡觉，因为困倦的时候，争吵更容易升级。带着怒气睡觉，总比通宵打架要好。即使第二天醒来问题仍然没有解决，但你们也会平心静气地沟通。

夫妻之间出现分歧，很容易让人产生“我对你错”的想法。坚持这种想法，会妨碍你倾听爱人的意见。婚姻中，双方的想法都在起作用。美国婚姻问题专家约翰·戈特曼研究发现，对爱人的观点持厌恶态度，预示着婚姻可能走向失败。

吵架，除了需要控制自己的情绪，给自己设定一个“底线”之外，还要注意以下几点。

第一，注意时间。瑞典研究人员研究表明，最容易引起夫妇争吵的时间是早晨上班出门前的4分钟，以及下班回到家后的4分钟。这是人们身心最疲惫的时候，最好不要在这时发生矛盾，否则很容易激化。尽量避免上班前争吵，因为这时闹僵了很难弥补，不但会破坏好心情，还会影响一天的工作。另外，晚上睡觉前也不要吵架，因为这是人一天心理最脆弱的时候，控制力下降，很容易压不住火。

第二，注意场合。吵架尽量选择在家里，关上门窗。在父母、亲友和孩子面前也不要吵架，这样只会扩大矛盾，伤及无辜。在公共场所和公众场合，特别是人多的地方也不要吵架，在陌生人关注下，吵架很容易升级。另外，开车时绝对不要争吵，因为情绪失控非常危险。除上以上几种情况，无论你们吵什么，吵成什么样，过一会儿依然可以甜甜蜜蜜。避免其他人加入你们的争执，是对双方的一种保护。

第三，不能恶语相向。你的声音可以很大，态度也可以很严肃，可以据理力争，也可以无理取闹，但是必须要守住一个底线：不能口出恶言，恶语相向。毕竟对方是你的爱人。对最亲近的人，我们也难免会释放攻击性，但要明白，你攻击的目的是为了缓和僵持的关系，增进你们的爱，而不是让对方离开你。吵架时千万不要说“我们离婚吧”之类的话，这些绝情的话会使矛盾升级，而且说了这样的话，也并不能发泄你心头的怨气。

第四，见好就收，给自己台阶下。有些人吵架，不到两败俱伤、你死我活的程度不肯罢休，不懂得给自己留条退路。如果对方给了你一个台阶，你一定要马上抓住，赶紧下来，不要贪心。每个人停留在争吵中的耐心不会超过30分钟，所以尽量在30分钟内找到台阶，停止争吵。如果你和爱人争执了很久，谁也不愿意妥协，那么就暂停对这个问题的争吵，等冷静一段时间再重新梳理，这样更容易解决问题。如果两人都累了，重复的话说了好几次，你可以这样说：“我们还是暂时抛开分歧，等哪天想好了再谈吧！”

第五，争吵过后约定一些原则。吵架之后，你马上会了解对方的一些吵架习惯，比如他爱嚷嚷，中途会走开，或者是死也不肯下台阶……两人和好后，可以约定一些事项，以此提升彼此的“吵架水平”。比如下次吵架谁也不要走开，吵架可以，但不要提离婚……约定吵架原则，在以后的争吵中会带来不错的效果，不仅可以减少吵架的“伤害性”，而且还能加强两个人的默契。

第六，常备一些“化解妙方”。激烈争吵时应克制自己，暂时离开“现场”，比如去洗手间洗手，去厨房洗碗，或收拾收拾屋子，给双方一个冷静下来的机会。吵完之后，开个玩笑，送个小礼物，邀请对方看场电影等，都是化解怨气的小技巧。大部分吵架都是以增进感情为目的的，当你可以从简单地宣泄情绪，拿爱人当出气筒，进化到用“偏激烈的方式”调整你们的关系，你就会发现，吵架也是有境界的，它可以让你的爱更有味道，更有质感。无论如何，你应该知道：吵架并不是为了伤害对方。因为爱，你们走到一起，那么为了相扶到老，你们只有不断地进行沟通。吵架有时也是一种有效的沟通方式。如果双方掌握一些吵架的技巧，也许你会发现，吵完之后，对方反而变得更可爱了。

D（Digest）理解
其实大家都不容易

谁都会有犯错或情绪不好的时候。彼此相互理解宽容，婚姻才会少一些摩擦。

装聋作哑的智慧

俗话说，婚前睁大眼，婚后睁一只眼闭一只眼。这句话细想起来确实很有道理，但是生活中很多人还没有参透其中的含义。两个人朝夕相处，时间一长，就会“原形毕露”。双方太较真，只能使婚姻产生裂缝。婚姻中，“装傻”并不是让你忍气吞声，而是换一种思维方式，把生活中的小事模糊处理，没有必要为那些鸡毛蒜皮的事情庸人自扰。

秦可冉正在筹划结婚一周年纪念活动的时候，看到丈夫的包里有一张请柬，原来丈夫的初恋情人正好将在这一天举行婚礼。她想，既然他想去，就让他去吧，于是她放弃了自己筹划的结婚周年纪念活动。

接下来几天，她都不见丈夫有什么动静。婚礼前一天，丈夫打电话给秦可冉，让她一起出席婚礼，并希望她准备一份恰当的礼物。秦可冉假装很大度地答应了。看着她穿高跟鞋跑了几家商场挑选礼物，丈夫心疼极了，回家时一直把她的手攥得紧紧的。回到家，秦可冉又给礼物包上了漂亮包装。一向木讷的丈夫还破天荒地对她说了几句感谢的话。

等到丈夫去洗澡时，她才忍不住哭了出来。丈夫为初恋情人的婚礼那么尽心，做妻子的怎么能不难过呢？

第二天，秦可冉陪丈夫去参加婚礼。丈夫看到穿着婚纱的新娘，还是多少有些失态，喝了好多白酒，还抓住新郎的手不放，要他这辈子好好照顾新娘子。秦可冉明白丈夫心中的失落，也就没有劝他。这一晚，丈夫喝得酩酊大醉。

一大早，睡眼朦胧的秦可冉起床后，看到餐桌上放着一份煎蛋。丈夫系着围裙从厨房出来，对她说：“谢谢你陪我告别一段初恋！以后我的人和我的心都完完全全地属于你了。”

秦可冉听后，流着眼泪开心地笑了。

张爱玲说:“爱情是一袭华美的袍，上面爬满了虱子，只要你睁一只眼，闭一只眼，爱情的路上总是风光无限的。”睁一只眼，闭一只眼，不代表一味忍让，而是在爱情最脆弱的时候，知道“退一步海阔天空”。睁一只眼，闭一只眼，也不是不负责任地破罐子破摔，而是彼此谅解和宽容后走向更高层次的爱。

每个人都是向往自由的，所以请理解对方，并给对方一定的空间，让他能够自由地飞翔。只要你手中拽着一根线，他无论如何也挣脱不了，也不会轻易挣脱。不要随便查看他的手机，以免看到暧昧短信；对方晚归时也不要穷追不舍地查问行踪，他会准备好各种谎言以对付你的追问；他的QQ、微博也不要偷看，要允许对方跟朋友说些私密话。

即使你怀疑对方正在背叛婚姻，也要本着事情已经发生，追查毫无意义的态度去处理。如果他下决心改过自新，不妨给他一次机会。如果你对他还有感情，如果你还对自己的家庭有所留恋，如果你没有更好的出路和选择，不妨糊涂一点。给对方一个机会，也等于给了自己一个机会。在两个人的世界里，没有输赢，与其纠缠不清，不如睁一只眼，闭一只眼。

如果婚后你习惯睁大双眼看他，不妨注意一下他身上那些被你忽视的优点。当你睁大眼睛寻找对方的优点时，当你的眼睛里都是对方的优点时，你是快乐的，幸福的。不要尝试用强硬的办法去改造他，强硬的改造不会带来丝毫的益处，只会适得其反。只要你善于发现对方的优点，对方的优点就会越来越多，这样就会形成一种良性循环。

婚姻是一门妥协的艺术

要想把婚姻进行到底，需要双方共同努力，其中首要的一点就是理解并宽容对方。夫妻双方是独立的个体，不同的成长经历，不同的生活习惯，不同的兴趣爱好，不同的思维方式……太多的不同，以致出现分歧的时候难以理解和沟通，最终，不可以免地出现婚姻危机。

两个不同的人生活在一起，难免会出现一些分歧，这个时候要懂得妥协。台湾著名诗人余光中说："婚姻是一种妥协的艺术。"

在音乐界享有"词坛泰斗"美誉的乔羽老先生，有一次偕夫人佟琦做客央视《夫妻剧场》。主持人问乔老与夫人白头偕老的秘诀时，乔老笑答："一个字——忍！"夫人马上抢答："我是四个字——一忍再忍！"两人回答得诙谐幽默，寓意深刻。

夫妻之间的"忍"，就是互相妥协。不要小看妥协，妥协之中蕴含着智慧、谅解和宽容，妥协之中深藏着爱情的凝重和积淀。可以说，妥协是维系美满婚姻的一种智慧和艺术。

著名的台湾"老男人"凌峰，自从娶了青岛美女贺顺顺后，对身边的其他美女开始"挑剔"起来。遇见大眼睛的，他就说"眼大无神"；遇见身材纤瘦的，他会说人家"一刮风就倒"。许多圈内人都说，这是贺顺顺的魅力带来的改变。是什么力量让一个男人在太太面前表现得如此"乖顺"呢？恐怕只有他的太太才清楚。

凌峰总结说，两个来历不同的人，如果想利用婚姻来彻底改变对方，最后可能是两败俱伤。彼此学会了妥协，两个人才会靠近。

圆圆从小娇生惯养，在家里被视为掌上明珠，时间一长便养成争强好胜的个性，凡事都要占上风。刚结婚时，表姐就告诉她，夫妻第一次吵架时，千万不能退让，如果退让一步，以后就会接二连三地退让，这一辈子都翻不过身了。

圆圆的丈夫是个心胸大度的男人，对家庭中的琐碎小事从不计较，她想找个吵架的机会都没有。面对仁厚的丈夫，圆圆不仅不高兴，还有点儿怅然若失。她不知道如果有一天两个人真的吵起来，他是否会先让步？

有一次，两人在购买洗衣机的问题上产生了分歧。丈夫看中的一款洗衣机，圆圆横看竖看都不喜欢，非要买一台滚筒洗衣机。丈夫耐心地解释说，他看中的这款洗衣机容量大，耗电少，实用性强，圆圆喜欢的那款不但价钱贵一倍，而且耗电量大，居家过日子讲究的是实惠。圆圆说什么也听不进去，先是撒娇逼迫丈夫让步，继而撒泼大哭大闹。面对圆圆的蛮横霸道，丈夫气得脸色铁青，最终敌不过她的强硬攻势，只好妥协了。

从此以后，只要家里起了冲突，都是丈夫先让步：圆圆要看自己喜欢的韩剧时，丈夫便独自看书；家中买了电脑后，圆圆要上网，丈夫便赶紧让出来……凡此种种，每次丈夫都是笑呵呵的，竟看不出受了委屈。

圆圆以为丈夫真的被自己镇住了，很是得意。不久前，丈夫因病住院，动完手术的第二天，圆圆回家收拾东西，无意中看到了丈夫的日记。日记里面有几句话，让她读后泪流满面：当我给她戴上结婚戒指的那一刻，就注定了我一生的责任。只要她每天很快乐，我让一下又何妨？

圆圆终于明白了，原来丈夫的妥协，是因为他对自己全心全意的爱。

婚姻不是“战场”，夫妻双方更不是敌人。婚姻中没有谁对谁错，一味地针锋相对，一味地强调是非曲直，结果只能是两败俱伤。只要有爱，只要想一心一意过日子，你不妨主动举白旗，宣告投降。

学会妥协，即使只是一句道歉的话，一杯热茶，一个微笑，一个拥抱，坚冰就会融化，隔阂就会消除，婚姻就会柳暗花明，峰回路转。

老人总是讲：两口子床头打架床尾和。夫妻之间产生了矛盾，只要一方放低姿态，就能找到和解的途径。爱是和解的唯一元素，而宽容则是爱的体现。婚姻需要智慧，适度的妥协可以让婚姻跨越障碍和危机，给彼此制造幸福的机会。

当然，妥协也是有原则的，给犯错的人一次机会是宽容。如果对方一而再、再而三地犯错，甚至犯同样的错误，触及到婚姻生活的底线，触及了道德法律，那么妥协就成了纵容。

记着对方的好，忘记对方的错

在一份报纸上，一篇名为《谁洗碗成80后夫妻“要命”问题》的文章，让人读后十分震惊。文章内容大概是这样的。

80后的张刚和夏红相恋十年，终于修成正果，喜结良缘。婚后，小俩口在县城开了一家理发店，日子过得还算美满。

一天晚饭后，他们为“谁洗碗”的事情吵了起来。在邻居的劝说下，两人冷静了下来。晚上10点，夏红要求张刚陪自己出去吃宵夜。出门不久，夏红就提出“把中午洗碗的事情先解决了”。张刚认为过去的事就不要再提了，夏红不依，坚持当天的事情当天解决。双方僵持不下，又发生了激烈争吵。

一气之下，张刚突然冒出一句：“要过日子就好好过，不过就离婚。”夏红听到这话，一时接受不了，便从裤兜里掏出一把水果刀，试图威胁张刚，迫使他妥协。在两人互相推搡时，刀口刺进了张刚的小腹。

流血不止的张刚摔倒在地，后来经过抢救，张刚脱离了生命危险，但被医生鉴定为重伤。夏红因故意伤人被警方刑拘。

事后，夏红对自己任性犯下的大错追悔莫及。她恳求检察官给她一个机会，让她去照顾自己的丈夫。刚脱离生命危险的张刚也在病床上连写数封谅解书，交到检察官手里，为夏红求情。

张刚在信中说：“我们人生的道路还很漫长，这个家庭和这桩婚姻对我俩来说都很重要，我愿意原谅夏红的行为……”

为了维系这个家，张刚谅解了伤害他的妻子夏红，检方也因此批准对夏红不予批捕。

这个故事比较典型。如果双方能多一些宽容，也许就不会酿成这样的惨剧。夫妻之间总是难免会遇到这样那样的问题，出现这样那样的矛盾。相互埋怨，大打出手，只会让事情变得更加严重。倘若大家能敞开心扉，心平气和地交谈，理性解决问题，不去在意谁在争吵中“占上风”，也许很快就会大事化小，小事化了。

有些人在处理事情时，习惯以自我为中心，受不了一点委屈。这些人如果对婚姻的心理准备不足，不能顺利地建立起适合两个人的沟通模式，遇到问题后往往难以妥善解决。

维持一段婚姻，需要双方的共同努力，离不开双方的相互理解和相互宽容。理想的婚姻要经得起岁月的考验，夫妻双方也要有包容的胸怀，给彼此一点儿空间，同时还要有共患难的心理准备。夫妻之间要经常进行换位思考，从而加深理解。同时也要加强沟通，把自己的想法如实地告诉对方，这样会减少很多矛盾和误会。只有亲身感受到对方为你做出的努力和牺牲，才能深刻明白对方的爱与关怀。

夫妻之间没有必要为一些琐碎的小事大动干戈。夫妻双方在生活习惯和思维方式上会有一定差异，比如作息时间、饮食口味等，这些小事特别容易引起摩擦和争吵。婚姻需要谅解、宽容，需要接受对方的缺点和不足，尽量放大对方的优点。此时，理解就意味着宽容，意味着有原则的、适度的妥协。

既然要理解对方，就不能只停留在口头上，还要表现在行动中。一个幸福、和谐的家庭，需要双方共同努力。比如，一个男人想让妻子和孩子过得更好，就要拼命赚钱，让家人享受优越的物质生活。他会把更多的精力放在事业上，这样就占用了照顾家庭的时间。作为妻子，要理解丈夫，多承担一些家务劳动，多关心体贴丈夫。

婚姻总有不如意的地方。婚姻需要两个人为对方去改变，去妥协。**一个女人从不适应男人的鼾声，到听不到他的鼾声就睡不着觉，这就是婚姻。一个男人习惯了一个女人的任性、撒娇，甚至无理取闹，这就是婚姻。**婚姻的天长地久的奥秘就蕴藏在这些看似不可理喻的细节之中。

幸福婚姻的钥匙就是：记着对方的好，忘记对方的错，关键时给予理解和容忍。

E（Equality）平等
告别失衡婚姻，收获平等幸福

夫妻之间的不平等，是造成夫妻关系失衡，导致婚姻失败最直接的原因。

婚姻中的“递减律”

女人有种与生俱来的母性，会不自觉地，像宠爱孩子一样宠爱自己的丈夫，对丈夫的一切事无巨细，关怀备至。不让丈夫去买菜，担心他被菜贩宰；不让丈夫做饭，担心他做的饭菜营养不均衡；不让丈夫带孩子，担心丈夫过分溺爱孩子。因为对丈夫有各种担心，所以什么事情都自己包揽了。就算有朋友请吃饭，妻子也会犹犹豫豫：我不在家做饭，他回来吃什么？于是只能谢绝……

就像父母的溺爱不利于孩子心理成熟和独立一样，妻子的溺爱同样不利于丈夫心理成熟和独立。一味“溺爱”丈夫的结果，只能把好好一个男人惯坏了。当家里的男人变得越来越懒惰，越来越习惯你伺候他时，你就要想想，自己是不是能干得过头了？有一些男人，在外面成熟稳重，通情达理，可回到家里就像变了一个人一样——懒惰、依赖性强、情绪容易波动。男人对爱的无度需求，大多都是女人惯出来的。

经济学里有一个概念，叫做“边际收益递减律”，说的是产生同样效果的东西，每增加一个单位的供给，接受者能够产生的满意程度就越少。婚姻中，两个人的关系和所有的人际关系一样，需要技巧和平衡。任何一个人把事情包揽下来，都会导致一方对另一方提供的服务像呼吸空气一样全不在意，因为长期的效应已经让你的溺爱在无形中贬值了。长期宽容对方，你会期待对方的感激和回报，一旦得不到就会渐生怨气。婚姻有点儿像包饺子，哪怕你既能擀皮儿也能包，还是一个擀皮儿一个包比较好。

马齐天和叶佩佩感情非常深厚。结婚十年，两人的感情一直很好。丈夫马齐天热衷于角色扮演，每个周末的两天时间里，丈夫都要扮演“老爷”，妻子则要扮成“丫鬟”伺候他。

刚开始，夫妻俩还兴致勃勃，大呼过瘾。“给爷更衣”，“给爷刮胡子”，

"老爷，您请用餐"，"老爷，给您捶背"，成了每个周末小夫妻之间特殊的对话方式。可时间长了，妻子开始吃不消了，于是渐渐有了抱怨："起初以为好玩，谁知道老爷这么难伺候！"

自从玩上这个角色扮演游戏，丈夫一直以"老爷"自居，饭来张口，衣来伸手，进门要给他换拖鞋，还要伺候他"更衣"，吃饭时要给他布菜，饭后端茶递水，连洗澡都要先给他放好洗澡水……

有一天，叶佩佩终于忍受不了，双方矛盾一发不可收拾。庆幸的是夫妻俩都是讲道理的人，只会动口，不会动手。

为了体现双方平等的家庭地位，营造和谐美满的家庭，他们进行了一次友好协商，决定来个角色大转换。这次由妻子扮演"太后"的角色，丈夫扮演小太监的角色。为了保持游戏的公平性，丈夫不得不遵守这个规则。这下，叶佩佩体会到了被人伺候的舒服，马齐天则体会到了做"下人"的艰辛。

经营得当的家庭都有一个基础：夫妻平等。夫妻双方享有平等的人格，有平等的责任、权利和义务，平等地为家庭付出，平等地享受家庭的果实。玩过角色扮演游戏后，马齐天和叶佩佩又约定了下面几条规则。

第一，一起做家务。所有家务平摊，绝不能算到一个人身上，尤其是做饭。叶佩佩不认为男主外、女主内是幸福。相反，她认为让丈夫参与做饭，他才会明白做饭是多么复杂的事。当他不小心将手指切伤，被溅起的热油烫伤，或被油烟呛到时，他就不会再挑剔你做的饭难吃，他就会觉得做饭的妻子是勇敢和可爱的。同理，这样的方法也适用于其他大型家务劳动。

第二，家庭财产共管。虽然马齐天收入比叶佩佩高，但也不能任意支配家庭财产。每个月工资放在指定的账户，家庭日常支出从中支取。遇到特殊事情需要额外支出，须由双方协商决定。为了鼓励双方勤俭节约，家里还设立了一个专项基金，对表现好的人进行奖励。

第三，不干涉对方结交异性朋友的自由。马齐天和叶佩佩永远不会去翻看对方的手机，追查陌生短信和电话，也绝不会去查看对方的 QQ 聊天记录。

第四，保持个人爱好，不放弃自我。婚前的一切爱好和兴趣都不必放弃。比如马齐天喜欢足球、篮球、羽毛球，婚后也从未停止。叶佩佩酷爱登山运动，婚后也照常进行，时不时一个人背包去远方旅行。

他们的这些约定，值得所有的夫妻借鉴。

大女人小男人也可以很幸福

自古以来，男人都被认为是一家之主，扮演着强者的角色，女人似乎只有在家里相夫教子的份儿。随着时代的变迁和职业女性的增加，传统的“男主外、女主内”家庭模式受到了越来越大的挑战。

收入上的差异，直接决定男女在家庭中的地位，当今社会就出现了不少这种“女强男弱”的家庭。这种“大女人小男人”的家庭组合，如果双方在心理上都能坦然对待，相互理解，相互尊重，婚姻也能够长久幸福下去。

《婚姻保卫战》这部电视剧播出后，迅速成为众多70后和80后保卫婚姻的“爱情宝典”。在剧中，黄磊退居二线，穿上围裙在家中操持家务，甘当“贤内助”，演绎了标准的“家庭煮夫”。袁莉饰演的兰心，则是标准的“大女人”，不仅工作雷厉风行，在家庭中同样也是居高临下，集中展示了一种全新的“女人在外冲冲杀杀，男人在家洗洗煮煮”的颠覆型家庭格局。

随着社会的发展，传统观念慢慢被打破，女人在婚姻和事业中不甘示弱。一些男人承受不了来自社会各方面的压力，在职业生涯中退缩了，心态也随之产生微妙的变化，愿意在事业上做出让步，承担一定的家庭责任，甚至甘愿做女人背后的“家庭煮夫”。

有半数以上的人认为，谁在事业上成功，就由谁主外。事业上稍弱的一方，可以兼顾家庭。在这种观念越来越受到认可的背景下，男人在婚恋问题上，不再局限于寻觅小鸟依人的妻子，而是更希望找到一个能帮助他分担家庭担子的妻子。

女强男弱的现象在娱乐圈中甚为常见，王菲与李亚鹏就是最为典型的“女强男弱”代表。两人相恋时，王菲是华语乐坛天后级人物，李亚鹏只是内地小有名气的演员。结婚多年来，两人一直以恩爱示人，并生养一个女儿。王菲更是在公众场合多次展现“幸福小女人”的一面。

蔡少芬与张晋两人因拍摄电视剧结缘。当时蔡少芬的名气在香港如日中天，而武术指导出身的张晋虽也拍过几部电视剧，和老婆相比还是逊色不少，但是他们的婚姻生活一直甜蜜温馨，有声有色。

杨千　与丁子高的爱情最初也不被人看好，相差五岁的“姐弟恋”不说，一个是身家过亿的娱乐圈富婆，另一个却只是普通公关。然而多年来，杨千　无视外界的议论，做访谈和开演唱会，都会拉着老公一起出镜，性格也变得更温柔和善。

只有夫妻双方真正理解女强男弱的优势和弊端，并给予关注和修正时，这种婚姻才能长久。男人理解女人在外干事业的艰难，为了让女性更好地撑起一片天，勇于承担家中的繁琐家务活儿；女人理解男人当“家庭煮夫”承受的社会压力，并以此为动力更努力地向前冲。双方都互相理解，互相体谅，这样的爱才是最完美、最完整的爱，这样的婚姻才能持久。

男女平等是全方位的，并不是有相同的工作、相同的职位、相同的报酬就算平等，而是要有基本相同的社会地位和家庭地位。传统观念不允许男人觉得自己比妻子“弱”，丈夫也最忌讳妻子比自己强，因为这会让他们有很强的受挫感，同时还会承受外界很大的压力。如果强势的妻子不能理解丈夫的这些感受，就等于是在其伤口之上撒盐，让其痛上加痛。正确的方法应该是，女人要在事业上保持积极的态度，同时强调在精神上对丈夫的依赖。

在这个属于男人的世界里，女人取得任何成绩都不容易。尽管大家竭力要求男女平等，但多数男人一般情况下还是希望自己做一个体面而强势的男人。千万不要认为男人承担家庭琐事理所当然。要知道，男人天生就不会洗衣服、做饭、带孩子。用包容的心态鼓励他去做这些事情，往往是那些聪明太太使用的技巧。

无论家庭格局是哪种模式，夫妻双方都应该彼此尊重。“大女人”和“女强人”更应该尊重自己的丈夫，不能因为自己挣的钱多，就以为丈夫没有什么前途，否则会极大地刺激太夫脆弱的神经。在一些极端的情况下，他们甚至会走向另外一个极端，也许还会因为在家庭中不受尊重而离开妻子。

不要把自己的喜好强加给对方

一年前在西塘古镇浪漫邂逅，闵小川与丁叮一见钟情。经过一段时间的深入了解之后，两人携手走进了婚姻殿堂。迟到的幸福让两人一起陶醉。

丁叮是瑜伽教练，她独创了一套舞蹈结合瑜伽的锻炼方式，并且深信自己的锻炼方式不仅能强身健体，愉悦身心，还能增进与丈夫的亲密关系，达到身体和灵魂合而为一的最高境界。

为了和丈夫一起练习，她在家里建了一个练功房，天天拉着丈夫一起练瑜伽。由于两个人的年纪都不小了，如此高难度的肢体训练，让丈夫实在吃不消。闵小川不仅在家中要按时练习，就算走在街上，也要随时接受丁叮的"特训"。闵小川虽然难以忍受，但却敢怒不敢言，不得不通过装病的方式来逃避训练，但这个花招很快就被丁叮识破了。

闵小川说："我的年纪偏大了，这样的'魔鬼瑜伽'不适合我，你怎么就不能为我的身体和健康考虑呢？"

丁叮一肚子委屈："我一片好心，为了增进夫妻感情花了多少心思，你却不领情。"

丁叮拉着丈夫一起练瑜伽，是一种爱情表达。闵小川接受妻子的这种训练，也是一种爱情表达。但彼此的这种爱情表达，最后却产生了负面作用。丁叮爱丈夫，却忽视了丈夫的感受。婚姻中，不要把对方当成自己，你喜欢的，对方不一定会喜欢。

心理学上有一个概念叫"投射效应"，是指在人际认知过程中，人们常常假设他人与自己具有相同的属性、爱好或倾向，常常认为别人理所当然地知道自己心中的想法。

在一些家庭中，我们可以看到这样的现象：男人看电视的时候很专注，不爱说话，而女人则时不时做出一些评论。在压力面前，男人靠抽烟、喝酒减压，而女人则通过吃东西或逛商场减压。女人抱怨男人不够细心，不够体贴，不爱说话，不会表达爱意；男人则认为女人不讲理，唠叨，废话连篇……男人总是认为自己是正确的，而女人则认为自己才是无可挑剔的。

男人和女人对生活的关注点不同，思维方式也会有差异，因此发生争吵在所难免。发生矛盾时，我们要冷静下来，站在对方的角度去想一想。站在对方的角度，可能你会发现有些事情是合理的，至少可以试着去接受。

有些人不明白爱人为什么总是埋怨自己，指责自己，而自己的努力对方却视而不见，以至于夫妻双方都很苦恼。其实双方的出发点都是为家庭着想，只是采取的态度和方式不能让对方接受，因此才会导致矛盾发生。这些问题产生的原因，除了少数确实无法调和，更多的是婚姻中的一方只是站在自己的角度看问题，忽略了对方的想法和感受。

比如，作为丈夫，要求妻子做到忠贞不二，抚育子女，孝敬老人，却从来没有想过自己对妻子付出了多少，对这个家付出了多少，对她的家人如何。作为妻子，要求丈夫一生一世只爱自己一个人，却从来没想过自己是否让丈夫感受到了他需要的爱，自己是否经常对他疑神疑鬼，自己对他的家人如何。

夫妻双方都应该试着站在对方的角度考虑问题，感受到对方的艰辛，了解对方的需要，这样才能以更体贴、更温柔、更自信、更乐观的态度去调节好婚姻生活，塑造好丈夫或好妻子的角色，让家庭成为夫妻避风遮雨的港湾。

夫妻之间需要坦诚相待，更需要换位思考。只有不断地换位思考，才会相互理解，相互尊重。只有在不断磨合的过程中，夫妻的兴趣、志向、价值取向、生活习惯才会越来越一致，婚姻生活才会越来越融和。学会换位思考，以一颗平常心去面对婚姻中的一切变化，你会有意外的收获。

心中有爱，才会感受到平等

很多人认为，夫妻平等就是夫妻双方工资收入、家庭责任、对子女的付出、相爱程度必须旗鼓相当，我做了多少，他就必须做多少，否则就会心理不平衡。如果持有这种观点，结果很可能是谁都不愿处于下风，争吵就不可避免地发生了。

现代社会，不少年轻人在结婚前主动要求进行财产公证，婚后要求男女双方平等，以此来明确各自的“主权”。对于这种做法，社会上也有反对的声音，他们认为，既然双方因为爱结合在一起，为什么要分得那么清楚？这是你的，那是我的，是不是爱也要分得如此清楚，你爱我一分，我决不多爱你半点？

从婚前财产公证到AA制夫妻生活，再到夫妻平等，这原本没什么大不了的，可有的人却分得太清楚，一切都要求平等，于是问题自然就来了。事实上，一些家庭纠纷的产生，其中一个重要原因就是片面追求“平等”造成的。

例如，有的丈夫认为自己挣钱多，家里的大部分收入都是自己挣来的，做妻子的就应该像“保姆”一样伺候自己；有的妻子认为结婚前自己的家庭在经济上处于优势，因此结婚后在家里就要趾高气扬地发号施令；有的妻子知识水平高、学历高，就嫌弃丈夫没文化；有的丈夫失业下岗或者工作出现变故，妻子就对他另眼相待……诸如此类，都是夫妻间片面追求平等的表现。

在爱情的平等宣言中，简·爱语出惊人：“虽然我贫穷，虽然我不漂亮，但我的心灵跟你一样丰富，我的心胸跟你一样充实！当我们的灵魂穿过坟墓，站在上帝面前时，我们是平等的。”

夫妻间的平等是指人格上的平等，并非是指文化水平、职业地位、经济收入、家庭背景等方面的平等。夫妻双方各有自己的人生观、价值观，千万不要强迫对方屈从自己的意愿，更不能以大欺小，以强凌弱，以富压贫，搞“霸权主义”和“强权领导”。无论是男尊女卑的“大男子主义”家庭，还是女强男弱的“妻管严”家庭，婚姻都很难天长地久。

其实婚姻中没有绝对的平等。就拿双方的父母来说，婆婆对待儿媳很难像待自己的亲生女儿一样，儿媳也很难把婆婆当成妈。岳父母和女婿之间的关系也一样，这是由血缘关系决定的。夫妻间如果执意在角色定位上要求平等，一定会产生更多困扰。追求绝对平等的结果，只会让双方的距离越来越远。

近年来，“家务骰子”在80后小夫妻中很流行。

有一对小夫妻，双方都是独生子女，结婚后，两人在协议家务分工时常常闹别扭。后来，妻子在一家饰品店买到了一个骰子，骰子是用塑料制成的，和普通骰子大小一样。骰子的五面分别写着买菜、做饭、洗衣、洗碗、擦地，另一面则是发呆。

妻子非常兴奋地买下一个，拿到骰子的那一刻便对一起逛街同伴说，要好好利用这个骰子，让家务活全部转到丈夫手中去。从此以后，夫妻俩就通过掷骰子决定谁干家务活。

丈夫从此终结了吃完饭便甩手看电视的幸福时光，还要郑重其事地捧着这个不起眼的骰子决定做什么家务。妻子总是能掷到“发呆”，这一点让丈夫无可奈何。渐渐地，丈夫对做家务由不可接受变为被迫接受，最后习惯了两个人一起做家务。

洗衣，做饭，收拾屋子，这些家务事在传统观念里都是女人分内的事情。随着社会的发展，男女地位逐渐平等，家务活也在走向双方共担。家务骰子的出现，让年轻女性们找到了平等做家务的机会，这未尝不是一件好事。当然，这个游戏要在双方都愿意的情况下，才有可能顺利进行。

婚姻中不要追求绝对的平等，只要心中有爱，只要遵守自己结婚时做出的承诺，家庭生活就一定是幸福的。爱是需要付出的，而无私的付出只会让对方得到更多的幸福，同时自己也能收获更多幸福。

F（Freedom）自由

有空间才会有亲密

给对方一点个人空间。你的另一半不是你的终身奴隶，不要让他跟你一起囚在笼中。

当婚姻患上“疲劳症”

朋友杨颖最近十分苦恼，因为丈夫工作忙，很少在家陪她。以前谈恋爱时，两人如胶似漆，你侬我侬，可现在，丈夫似乎对她不感兴趣了。

她说她很爱自己的丈夫，现在却很少感觉到丈夫的爱。

我问她：“你是怎么爱你丈夫的？”

杨颖说：“我喜欢和他一起逛街，喜欢和他用同一个杯子喝水，喜欢玩他的手机，喜欢他穿西装，喜欢他带我去咖啡店，喜欢他帮我挑选衣服……可他却喜欢用自己的杯子喝水，不喜欢逛街，也从不给我任何参考意见。我为他好，可他总是不领情。”

杨颖感觉很委屈。

其实，杨颖的这种爱过于自私和固执。两个人相爱要互相帮助，相互取悦对方，但并不是把对方变成自己希望的那个人，尤其碰到有个性的丈夫。很多男人不需要妻子凡事都“指点江山”，在女人没完没了的精神压力下，丈夫只会感到心力交瘁，这样的结果，就是婚姻患上“疲劳症”。

我建议杨颖给婚姻松松绑，给丈夫一些自由空间，也给自己一些自由空间。

妻子关心丈夫是应该的，但管上管下管天管地，很容易把丈夫变成孩子，把自己变成妈妈。任何事情都需要有一个平衡点，妻子对丈夫的关心也是如此。

妻子对丈夫的关心也需要适度，否则你的付出对方不但不感激，甚至还有可能引起反感。万方的小说中有这样一句话：“找一个爱你的人，失去自由；找一个你爱的人，失去自我”。

就算是结了婚，也不要把自由的钥匙交到对方的手中。把你手里的面包给对方，但不要同吃一个面包。可以一起唱歌跳舞，但要注意保持“自我”。就好比琵琶和弦，虽然它们是分开的，但演奏的却是同一首曲子。

有些女人在结婚后，就失去了自己的生活，把所有的时间都交给丈夫和孩子。很多女人对感情非常投入，婚后会按照自己的想法和意愿来经营自己的婚姻，可是自己的付出却常常得不到肯定，于是就忍不住抱怨：“我对你那么好，你怎么还不领情？”

一味牺牲自己的妻子，很难体会到属于自己的乐趣。如果过分关注家庭，远离职场，脱离社会，还有可能与丈夫失去共同语言，疏远夫妻关系，最终形成恶性循环。一个女人，即使再爱自己的丈夫，再注重自己的家庭，也不要以过分牺牲自我为前提。

现代婚姻，讲究的是心灵的契合和沟通的顺畅。很多丈夫早已不满足于找一个相夫教子、操持家务的妻子，而是更倾心于志同道合、有心灵共鸣的伙伴型爱人。

有一位男士说，“我不会让妻子回家做全职太太，我希望自己和妻子都有各自的工作。这不是仅仅是有双份收入，还可以在下班之后和她在酒吧喝点东西，聊聊各自的一天。通过工作和聊天，我们都会获得进步，更重要的是，我们可以互相勉励，互相帮助。”

爱他，就给他自由。过多的干涉与束缚成就不了幸福的婚姻，而宽容却有可能让婚姻生机盎然。如果我们珍惜自己的婚姻，就该给它“松松绑”，让婚姻中多一些宽容和自由的空间。你可以像单身一样，独自外出旅游，或是在某个下午到咖啡馆喝杯咖啡，安静地享受属于自己的悠闲时光。

给婚姻一个全新的面貌，你一定会感受到婚姻带给你的轻松和快乐。

无聊的“盯人”游戏

“盯人术”在篮球比赛中很管用。牢牢地盯住一个主力，像姚明那号人物，就可控制局面，争取主动。爱情和篮球比赛似乎正好相反。男人总怕被女人盯得太紧，因为她专注的目光落在他身上，只让他觉得“恐慌”。

在一次公司酒会上，赵先生看到这样一对夫妇：他们并肩走进来，然后就分开了，整个晚上都是跟各自的熟人聊天，互不干涉。酒会快结束时，男人跟朋友握手道别，径直取了女人的大衣，安静地站在大厅出口旁等她出来，然后像来时那样并肩离开。他们之间那种全心全意的信任，让赵先生向往不已。

说起自己的太太，赵先生很是头疼。自己的太太把“盯人术”运用得出神入化，炉火纯青，这让他很有压力。他向来不喜欢带太太参加聚会，因为太太自始至终都会睁着警惕的眼睛，还会不停地问他：“刚才和你喝酒的那个女人是谁？”

赵太太对丈夫一向采取“紧迫盯人”的政策，比如询问丈夫的行踪，翻看丈夫的钱包，就连他今天对公司哪个女同事讲了什么话，也非要问个清楚。

这样盯人的结果，反而使得赵先生嘴巴越来越紧，生怕说出什么话让妻子醋劲大发。他说，当妻子越想缠住自己的时候，自己就越想离妻子远点。

不少跟赵太太一样的妻子，每天要听老公汇报工作，偷看老公手机，不定时电话查岗。一旦丈夫没有接听电话，立即把老公的朋友全数“骚扰”一遍，甚至跑到老公单位来个“盯人战术”。

夫妻之间如果总是疑神疑鬼，大吵大闹，不但会遭到对方的厌弃，甚至还会伤害到彼此的感情。常言道：是你的终归是你的，管得了人管不了心，没必要给自己添堵。如果把对方盯得太紧，那么你们的感情慢慢地就会出现裂痕，最终把婚姻推向破裂的边缘。

吴婕的丈夫喜欢上网聊天，甚至到了上瘾的程度。一次偶然的机会，她发现丈夫在网上一直在和一位女网友聊天，从聊天的内容看，他们似乎已经超越了一般的网友关系。从工作事业到生活情感，丈夫所有的内心感受，都向另一个女人全盘道出，这一切完全出乎吴婕的意料。

吴婕当时特别生气，觉得丈夫背叛了自己，但转念一想，觉得这也正常。如果他什么话都只愿意和网友说，那就说明自己的婚姻出了问题。她想到的更多是他们夫妻之间越来越缺乏共同语言，这才导致丈夫去别处寻找慰藉。

她让自己冷静下来，反省自己，发现自己婚后对丈夫管得太多，盯得太紧，事无巨细都要插上一脚，导致很长一段时间双方缺少深入的沟通和交流。更要命的是，丈夫的事业一直在进步，自己却总是安于现状。于是吴婕决定，从现在开始多关心他，多和他交流，并且重新充实自己，让自己增添新的魅力。

虽说吴婕偷看丈夫的聊天记录多少有些不妥，但她之后的态度却理性而睿智。不要追问他今天去了哪里，和什么人在一起，干了什么，就算他有“前科”，抓住他不放也只能让他觉得厌烦。你要做的，不是剥夺他的自由，而是想办法让他相信你在乎他、关心他、爱他。要谨记，就算你爱他，也要给他一定的自由。

给对方自由，也是给自己自由

生活中，每个人都有自己独立的空间，都有一些藏在自己内心深处，不愿与人分享的经历和感受。这些秘密有心理上的，也有经济上的。个人秘密的多少，是由一个人的情感取向和价值观决定的，与个人品质无关。爱一个人，要给他选择的自由，给他爱与不爱的自由。给对方自由，也就是给自己自由。

就算是夫妻，彼此也不是对方的附属品，各自仍然有权保留一片属于自己的心灵空间。夫妻间应该相互尊重，不能垄断对方的内心世界，要齐心协力建设家庭，也要尊重对方的独立性。

一位朋友离婚的时候，他的太太以死相逼：“你要跟我离婚，我就带着孩子从楼上跳下去！”婚姻走到了尽头，已经没有挽回的余地，为何还不放手？拿孩子和自己的生命来要挟对方，以死相逼，这种做法未免太极端了。

爱一个人没有错，爱得自私、爱得霸道、爱得失去自我都没有错。可既然爱情已经离去，何苦再为难对方，最终为难的不还是自己吗？爱他，就还他自由，留一份自尊和骨气给自己难道不好吗？

很多人从新婚蜜月里就开始不断争吵，一直吵到孩子高考完了，终于没有牵挂，于是办理了离婚手续。从少年夫妻到四十不惑，人生最美好的岁月都用来互相伤害，既可悲又可怜。这世上很多东西，包括感情，是你的就是你的，不是你的强求也无益。

常听到一些分手的情侣咬牙切齿地诅咒对方，也常看到一些媒体报道求爱不成便杀人或毁容的事件。行凶者总是说："我是因为太爱她才这么做的。"多么愚蠢的理由！若是真爱，怎么舍得伤害对方？当爱情结束时，就让恨和爱一起停止，切勿伤人伤己。

爱并不等于占有，过度占有会导致嫉妒，而嫉妒并非因爱而生，而是出于恐惧与自卑。

婚后一年多的时间里，张霞和丈夫罗威像连体婴儿一般，总是形影不离，出双入对。不在一起时，一天至少也要打三四个电话，所有人都说他们是婚姻的楷模。

可是在一次聚会上，罗威的朋友说，组织聚餐后的男人节目，总要避开邀请罗威。谁都知道他俩"甜如蜜"，邀请的结果肯定是被拒绝。

听了这话，张霞的心不由一紧："我又何尝不是这样？女友打电话约我逛街，基本都被我拒绝。就连练瑜伽，我也要拖着老公一起去。"

当天晚上，张霞破天荒地把罗威塞给了朋友，没有打电话催他回家，没有问他是否喝多了。第二天，张霞主动约女友去打网球，丈夫罗威也打来电话，嘱咐她不必急着回家。

张霞开始学着给婚姻留一些自由空间，结果她有了更多交流的渠道，他也有了释放压力的空间。他们仍然信赖对方，但同时又独立成长。

给对方一些自由，有利于夫妻之间的爱情保鲜。爱人是用来爱的，不是用来管的。看守他不是件省心的事，与其这样，还不如让他自由地生活。就像放风筝一样，风筝飞得再远，线头还捏在你手里，只要有爱，你怕什么？如果对爱失去了信心，你再怎么重兵把守，还是留不住那颗远走高飞的心。

给对方一些自由，给他充分的个人活动空间，他会知恩图报，倍加珍惜你的信任，外面跑累了，就会乖乖回家。相反，给爱人戴上重重枷锁，会让他备感"有妻徒刑"的煎熬，一旦逮到机会，他就会变本加厉地"犯错"，而且犯得毫不愧疚。

给对方自由，也是为了自身的解放。让男人有自己的生活空间和社交圈，做妻子才有时间约上闺蜜一起聊天、逛街、学外语，或者去养生会馆美美容，做个SPA。放松对方，自己也可以放松，何乐而不为呢？

偶尔做一回“候鸟夫妻”

无论是婚内还是婚外，每个人都应该有自己的独立空间，这样有助于保持自己的个性和爱好。朝夕相处，形影不离，很容易造成相互干扰。

在大城市，一些既渴望婚姻长久，又不想被婚姻束缚的夫妻们，开始寻求一种新的婚姻生活方式——做一对“候鸟夫妻”。这种新的婚姻生活方式，开启了新分居时代。这些夫妻平时保持独立生活，各忙各的，到了周末再一起共度美好时光。从亲密同居到理智分居，这些“候鸟夫妻”更像情人或朋友，他们的婚姻也被注入一些新的活力。

婷婷和她的丈夫是大学同学。两人相约毕业不分手，丈夫留在北京，她却回家乡烟台找了一份工作。结婚后，他们过起了“候鸟夫妻”的生活。

丈夫每个周末都坐飞机到烟台，与婷婷共享二人世界的甜蜜。即使是短暂的两天，夫妻俩也一起去超市买菜，一起去看电影。婷婷觉得这种生活很幸福。刚毕业的时候，丈夫收入不高，大部分工资都贡献给了航空事业。

其间，丈夫一度放弃北京的工作，为了照顾婷婷来到烟台。那段时间，婷婷深感幸福，她和丈夫终于过上了“正常”的生活。婷婷浪漫地想：不管婚姻如何平淡，只要朝朝暮暮，每一个清晨和每一个夜晚，枕边都有他温暖的呼吸，就别无所求了。

有一天，丈夫突然对婷婷说，北京有一个很好的工作机会，他想去北京发展，多赚点钱。婷婷一点心理准备也没有，但因为刚刚怀孕，生孩子、买房子都需要钱，婷婷没法不答应丈夫的请求。

于是他们又重新成了“候鸟夫妻”。不太忙的时候，丈夫每个周末都回到烟台。其余的日子，坚强的婷婷就独自一人应付怀孕的种种不适和家里的各种杂活。虽然婷婷偶尔也会感到寂寞、孤独甚至无助，但是一想起丈夫和没出生的孩子，就感到有无穷的力量。

转眼孩子都快3岁了，他俩仍然是“候鸟夫妻”。那么多年来的坚守，已经化作婚姻中的一种动力，QQ空间上一家三口的照片，就是他们幸福婚姻的最好证明。

俗话说，小别胜新婚。这句话非常有道理。由于婚姻和家庭的原因，结婚之后，夫妻双方势必要做出一些牺牲，放弃一些自由。如果婚姻“剥夺”了夫妻双方太多的自由，就会对两人渴望自由的天性产生压制，致使双方对婚姻产生抱怨和不满。

尽管夫妻双方长期分居不是我们所赞同的，但是偶尔体验一下分离，也有一定的积极意义。分离后的相聚，撇开了平时生活中的柴米油盐问题，有利于双方保持激情。既不彼此折磨，又有牵肠挂肚，同时也不至于寂寞难耐，既让人可以从“围城”中伸出头来呼吸一点新鲜空气，又能同时拥有单身的轻松自如和家庭生活的温暖踏实，何乐而不为？

然而，生活中的大部分“候鸟夫妻”都是被迫分离的。如果夫妻两人分处两地，无法终日相守，联系少了，接触少了，感情会不会变淡？答案是肯定的。夫妻异地分居，通常是因为工作原因而不得已做出的选择，试想谁不愿意享受家庭的温情？夫妻分处异地，要想维持良好的婚姻关系，必须有很好的感情基础，因此彼此忠诚与信任非常重要。如果有一方捕风捉影，胡乱猜疑，会让情况变得很糟，必然会引起感情危机和婚姻危机。

夫妻长期不在一起生活，相处之道极为关键。双方要相互信任，平时多打电话，多上网聊天，多进行沟通，以缓解郁闷心情。独处一地，双方都要学会排解烦闷，培养自己的业余爱好，以便充实自己，也要注意身心健康，以便可以充满活力地出现在爱人面前。当出现矛盾时，一定要真诚地面对，不要相互猜疑。在暂短相聚的时间里，不要为琐碎小事拌嘴，更不要把工作中的烦恼带到家中，影响双方的心情。

两情若是久长时，又岂在朝朝暮暮。只有学会给婚姻“留白”，才能为感情“保鲜”。夫妻双方各自保持经济独立的同时，也可以适当保持感情的独立，平时扩大交际圈，结交更多的朋友，以便有暇时可以他顾。在分离中会对对方产生更多的期待和牵挂，这样也可以使感情得到升华。

G（Grooming）修饰
做个精致优雅的太太

男人永远对外表美丽的女人感兴趣，一个不懂得修饰自己的女人，是抓不住男人心的。

不要早早进入黄脸婆队伍

有一些女人，结婚前总是把自己打扮得漂漂亮亮的，年轻而且充满活力。可是结婚后，慢慢地就对穿着打扮不讲究了，不再化妆，不再穿高跟鞋，甚至有的女性还会穿着睡衣上街。有好奇者问之，她就摆出一副无所谓的态度：“我都结婚了，又不会再找对象了，还打扮自己干什么呢？”生活中，这样的女人绝不在少数。

虞楚俏年轻时充满激情，即使频繁出差，经常应酬，她也毫不疲倦。在繁忙工作的同时，她收获了爱情，最终和交往多年的男朋友步入了婚姻的殿堂。婚姻的甜蜜，使得虞楚俏珠圆玉润，她的脸上总是洋溢着幸福的微笑，光洁的皮肤突显着她的青春靓丽。

随着孩子的降生，她的生活重心从单位转到了家庭。休完产假后，为了照顾孩子，她减少了出差、应酬的次数，菜市场和超市成了她经常光顾的地方。“上班、买菜、回家做饭”成了她的人生三部曲。

丈夫的工作同样很忙，虽然他们雇了一个保姆照顾孩子，但家里家外太多事务都压到虞楚俏一个人身上，每天她都忙得焦头烂额。慢慢地，她开始抱怨起生活，夫妻之间常常为了一点琐事争吵不休。

最让虞楚俏心烦的，还是自己外貌上的变化。一天早晨起床后，她惊讶地发现，镜子里的自己简直是变了模样：黑眼圈，双目无神，皮肤发黄，细小皱纹悄悄地爬上了眼角。

“怎么变成‘黄脸婆’了？”她看着镜子里的自己，再看看墙上挂着的婚纱照，一股伤感不由自主地涌上心头。更让她不解的是，自己才30来岁，还算年轻，怎么在这短短几年中，就变成了这个模样？

很多女人都跟虞楚俏一样，踏入婚姻后，一不小心，形象就发生了巨变。有的“黄脸婆”是被老公一手“打造”出来的，有的则是女人自己“锤炼”出来的。

婚后的女人整天穿梭奔跑于菜市场和厨房之间，学会大声和小贩们讨价还价，然后拎着自己的战利品开心地回家，将自己包围在一堆又一堆永远也做不完的家务活儿中，硬是把自己塑造成围着丈夫、孩子、锅台转的黄脸婆。曾经追求时尚、个性与美丽的自己，不知什么时候已经变了品味。“黄脸婆”不仅暗示一个女人生活惨淡无味，而且也给青春写下醒目的休止符号。当然，也有很多女人婚后时刻保持高度的警惕，努力摆脱黄脸婆的宿命。她们是如何做到的呢？

第一，保持皮肤的清洁和光滑。人们常说，女人婚后就会变成“黄脸婆”，这是有一定原因的。因为除了家庭之外，很多女人还要顾及事业，这样会把自己搞得很疲惫，缺乏充足的睡眠和休息，会影响到肤色的光泽。特别是职业女性，每天都需要化妆出门，一天下来积累出不少废旧角质、汗液、灰尘、皮脂，如果卸妆和清洁不彻底，肤色就会晦暗并出现色素沉淀。压力让皮肤水分不足，血液循环不畅，也会影响肌肤的光泽和透明感，情绪不佳时更甚。这时除了必要的基础护肤，还需要保持愉快的心情、适当的运动和良好的睡眠，减少或避免辛辣、油腻等刺激食物的摄入。

第二，平时多调节自己的情绪，祛除情绪上的“暗黄”。别让生活琐事破坏了你的心情，影响你的生活质量，伤害你的皮肤光彩，可以试着给自己减压。减压的方法有很多，比如去健身房做一些有氧操或瑜伽，看电影，看书……只要多去尝试，总会找到适合自己的减压方法。

第三，打造自己，同时也不要忘了丈夫和孩子。一家人外出时，要注重“面子工程”。丈夫和孩子的衣着打扮，也是你的一张脸，无论如何你都不会希望衣着光鲜、貌美如花的你，身旁却站着一个不修边幅、邋里邋遢的男人和一个脏兮兮的孩子。所以在塑造自己的同时，也不要忘了家人，他们和你的美丽一样重要。

女人就该装扮起来

《手机》这部电影，让女人学到另一个词——审美疲劳。很多女人抱怨丈夫对自己的热情慢慢消失。试想，如果自己身边的男人整日对着一个邋邋遢遢、不修边幅的女人，怎么会不产生审美疲劳呢？无论女人到了什么年龄，都不要忘了仔细照一照镜中的自己。即使岁月像屠刀一样残酷，也不要忘了打扮自己。

有的女人或许会说，我一天到晚忙得要命，做家务，带孩子，照顾老人，哪里有时间打扮自己！这正是你得不到丈夫关注的原因。如果你做出一些改变，适当打扮一下自己，别让自己显得太落伍，那么你的丈夫就会永远用一种恋爱时的目光追随着你，永远也不会对你失去兴趣和新鲜感。

现在的男人，很容易在婚后因为审美疲劳而出现婚外恋。女人总爱把所有的原因归结到男人身上，事实上，女人也有不可推卸的责任。如果你能像婚前一样光鲜照人，能够抓住男人的心，男人怎么会轻易在外面粘花惹草？女人特别要记住一点：永远保持美丽。无论你多么忙，有多么充分的理由，都不要忘记时刻保持一个女人应有的美丽和自信。

女作家严歌苓每天下午三点前完成写作后，都要换上漂亮的衣服，化好妆，静候丈夫归来。她说："你要是爱丈夫，就不能吃得身材走形，不能肌肉松弛，不能面容憔悴，这是爱的纪律。否则就是对他的不尊重，对爱的不尊重。"在我们周围，有几个女人能做到这样？或许偶尔一两次可以，坚持下来就不容易了。把行为变成习惯需要坚持，习惯成为自然还关乎心态。

化妆不仅可以使女人变美，化妆的过程也可以使女人更可爱。据说在男人眼里，女人化妆的时候是最美的。不信你可以回想一下看过的韩剧，常常会有这样的画面：男主角专注地望着心爱的女人化妆，眼神里饱含着无限的爱怜与痴迷。

平时生活中，化个淡妆就好，最近流行裸妆，你也可以做个尝试。裸妆并非是完全不化妆，而是给人制造出一种自然清新的妆容。裸妆虽然经过精心修饰，但并没有刻意化妆的痕迹，因此又称为透明妆。

如果你还不会化妆，那么马上补上这一课吧。这里有一些简单的化妆步骤可以帮助你。

第一步：选择接近肤色的粉底。

化妆的最高境界就是别人看不出你化了妆。要塑造自然无瑕的肌肤，选择与肤色接近的、较薄的、液状的粉底至关重要。首先用手将粉底涂抹均匀，然后用海绵轻轻按压，让底妆更加贴服。用比肤色亮一号的粉底涂抹 T 字部位，提亮该区域，然后用粉底刷在脸颊两侧刷上深色粉底液或遮瑕膏，借由颜色深浅不同的粉底液修饰轮廓，创造出立体妆感。最后用粉刷扑上一层薄薄的定妆粉，可以让妆容更加持久。

第二步：眼部简单自然。

眼妆无须过多色彩，重点是要把眼神的明亮度与深邃度表现出来。为了突出眼部的无妆感，过分鲜明的色彩可以省略。首先在眼睑部位打上一层浅咖啡色眼影，然后用液体眼线笔在睫毛根部画上黑色的隐性眼线，用黑色的眼影笔将刚画的眼线晕开，再在上面打上一层略深一点的咖啡色眼影，整个眼影部分就完成了。睫毛不必太夸张，自然微翘就可以。

第三步：淡淡描画眉形。

把原始的眉形展现出来，才会显得自然。眉笔的化妆痕迹相对眉刷比较明显，所以要画出自然妆，最好用眉刷将色彩自然、颜色浅一号的眉粉轻轻刷在眉毛的尾部，按照原有的眉形淡淡描画，不必刻意修饰。还可以用咖啡色的睫毛膏刷刷眉毛，就更加自然了。

第四步：唇彩高光水润。

要想呈现有质感的澄净妆容，就要使用浅色的透明唇膏。浅色唇膏淡淡的颜色清新迷人，透明的光泽更显优雅大方。用双色修颜粉饼修饰脸型，用大号粉刷将粉红色的腮红打在两侧脸颊，最后选择一款光泽度很高的透明或者粉色唇彩，制造出一种水润的效果，整个妆容就完成了。

“装”点女人，自信优雅

青春活泼？还是端庄优雅？这是许多结婚后的年轻女性对于衣着风格的困惑，甚至是许多年轻夫妻的矛盾所在。

汪潇潇婚前是大家眼中的时尚潮女，婚后她却常常为穿衣“发愁”。比她大十岁的丈夫很疼爱她，但一直不认同她的穿衣风格，所以汪潇潇90%的衣服都是老公买的，但她却从来不穿，这些衣服成了她“甜蜜的负担”。

夫妻俩经常会因为“穿衣”拌嘴。汪潇潇喜欢青春、靓丽、活泼的风格，丈夫却希望她穿出端庄、优雅的淑女气质。

方盈盈和丈夫是通过社交网站认识的，她一直觉得自己很幸福。在他们的婚礼以及婚后，丈夫的很多朋友私下都说，“方盈盈看起来比丈夫大好多”，这些话刺痛了她的心。之后她开始疯狂地转型，穿各种粉嫩的服装，戴各种可爱的头饰，可丈夫并不喜欢这种装嫩的打扮，丈夫喜欢的是有女人味的装扮。但她想有一个突破，她希望自己的外表可以配得上帅气的丈夫，并且得到丈夫朋友的认可。

世界上没有难看的女人，只有不懂得如何打扮自己的女人。那么怎样打扮才得体呢？有两点很重要：第一，你的穿着是否符合你的身材、气质与身份，这要求你对自己有充分的了解，用扬长避短的方法装扮自己，使自己显得更漂亮，更有魅力。第二，你的穿着是否符合这种场合？比如说，如果大家都穿便装，你就不可以一个人穿礼服。

下面这些建议或许能给你一些穿着启示。

1. 衣服和爱人一样，适合自己的就是最好的，不要盲目跟随别人的风格。就像上面讲到的方盈盈一样，为了迎合丈夫，三十岁的她不顾自己的年龄，穿着稚嫩，只会让别人笑话，最终无法得到丈夫的认可。

2. 时尚发展到今日，已经体现为完美的搭配而非单件的精彩，所以你应该多花些时间和精力在服装的搭配上。学会搭配，不仅能让你用10件衣服穿出20款搭配，而且还能提高自己的审美品位。不管是颜色的搭配，还是款式的搭配，以及饰物的搭配，和谐才是最好的。

3. 服装色彩要调和，这样才会显得大方端庄。服装颜色分三类：红、黄、橙及相近的色彩为暖色，给人以热烈的感觉；青、蓝是冷色，给人以寒冷的感觉；绿、紫色是中间色。冬季选暖色，夏季选冷色，是选择服装色彩的基本原则。

4. 如果不懂得色彩搭配，那么你要记住，白色是都市永远的流行色。如果你的脸色不太好，灰色则是最好的选择。加入灰色的彩色既亮丽，又不会太扎眼。灰色对各种肤色的人都比较适合，是着装时的不错选择。

5. 逐步建立自己的审美方向和色彩体系，不要让衣橱成为色彩王国。选择白色、黑色、米色等基础色作为日常着装的主色调，饰品上则可以选择活跃的色彩。建立自己的着装风格，有助于给人留下明确的印象。色彩上不冲撞，也可以提高衣服间的搭配指数。

6. 重视配饰。穿衣仅仅是着装的第一步，在预算中还要为配饰留出空间。那些认为配饰可有可无的人是没有品位的。闪亮的配饰在正式场合永远都会风行，但是切记，全身除首饰以外，亮点不要超过两个，否则还不如一件都没有。

7. 女人的衣柜里永远不能没有几件百搭衣。比如，一件品质精良的白衬衫，是你衣橱中不能缺少的，没有任何衣饰比它更能千变万化。

8. 即使你的衣服不是每天都洗，也要在条件许可的情况下，争取每天都更换一下。两套衣服轮流穿一周，比一套衣服连着穿三天，会更让人觉得你整洁、有条理。最后，有一个重要的提示：在家中挂一面全身镜是很有必要的，它会随时提醒你注意自己的形象。

H（Humour）幽默

给婚姻大餐加点幽默作料

夫妻间需要一点儿幽默。有了幽默，家里才有快乐的气氛，才能保持婚姻的活力。

给婚姻的餐桌上来点“洗具”

如果把婚姻比作一张餐桌，你认为上面摆放的应该是什么呢？

大多数人认为婚姻充满了酸甜苦辣，“杯洗交加”，想化悲为喜，要靠双方努力。也有很多人从这桌五味杂陈的宴席上看出人生短暂，想到要珍惜婚姻。幸好认为自己桌上只有“杯具”和“餐具”的人非常少。能否让你的婚姻充满“洗具”，就看你能否在婚姻当中加点幽默。

大多数人认为男性天生比女性富有幽默感，因为幽默感是一种社交工具，而男人社交的机会远远多于女性。

美国斯坦福大学医学院教授阿兰·赖斯设计的一项试验，打破了人们这个刻板的印象。他让10个男人和10个女人看70部幽默卡通片，然后让他们为这些卡通片打分，同时用仪器检测他们大脑的活跃程度。结果发现，男女两性的大脑对幽默的反应大致相同，而且女人大脑对外来刺激的反应更加活跃。这意味着，女人其实比男人更懂幽默，也更愿意表现出她们的惊喜。

一个丈夫临时加班，很晚才回到家，这时妻子已经睡觉了。回到家后，丈夫在桌上发现一张纸条，上面写着：“饭菜在微波炉里，啤酒在冰箱里，我在床上。”这位丈夫虽然工作了一天，感到非常疲惫，但是看到妻子俏皮的留言：“我在床上”，他的脸上不禁露出笑意。丈夫被妻子这温馨可人的幽默话语打动，从而创造了一些“洗具”。

一个家庭，要想有“洗具”，除了有逗哏的，也得有捧哏的。有这样一个小段子。

丈夫：“其实男人和女人担忧的东西是一样的。”

妻子：“具体说说。”

丈夫：“他们都怕一样的事情，男人最怕没钱。”

妻子："女人呢？"

丈夫："最怕男人没钱。"

丈夫的幽默让妻子会心一笑。

也许很多人认为，女人不必有幽默感，否则会让她们显得不够端庄。有人甚至认为幽默会破坏神秘感，变成女性人际交往中的劣势等，因此大部分妻子都把制造幽默的任务交给了丈夫。这种情况造成我们的婚姻中缺少润滑剂，这也是婚姻容易出现危机的原因之一。

也有很多女人不懂幽默，认为这只是一种低级趣味，高雅的趣味应该是小众的、骄傲的。其实，真正有幽默感的女人不会刻意强调高雅，因为她们只懂得乐观积极地生活，她们觉得生活本身就是一门高雅的艺术。懂得幽默生活是高于高雅。

有幽默感的人总是很受欢迎。首先，懂幽默的人一定拥有健康的心灵和健全的人格。一个人首先要懂得接受自己，懂得接受别人和生活中所有的优点，同时可以坦然面对生活中的挫折，这样才会变得幽默起来。

其次，幽默感是一种智慧和后天修养的表现，包含了豁达和自信，彰显了一个人对新事物的接纳。很多幽默具有时效性，只有对新事物保持好奇心的人，才能领会这种幽默。

最后，幽默感是婚姻关系和人际关系最好的润滑剂，幽默可以帮助化解尴尬，强化人际互动。当然，生活中，我们也不必刻意去追求幽默感，并为此焦虑和不安。懂得心神领会，并且适度接招，就是一个女人幽默感的最好表达。

生活中，几乎所有的女人都喜欢和幽默、风趣的男人在一起，这会让她们觉得轻松、自由、浪漫。其实，男人也喜欢与有幽默感的女人在一起，男人的压力比女人大得多，他们希望能有一个帮助他们卸下压力的伙伴。当男人表现他的幽默感，而女人无动于衷的时候，男人会认为女人在否定他们的努力，这会让他们有受挫的感觉。

女人结婚的时候，都想拥有充满欢乐的家庭，做到这一点说难也不难，只要你不放弃对幸福的追求，懂得幽默，恰当运用幽默，"杯具"也会变成"洗具"。

幽默是婚姻生活的助燃剂

二毛是20世纪80年代莽汉主义代表诗人，还担任《中国经营报》等报刊的美食专栏作家，以及央视大型纪录片《舌尖上的中国》美食顾问。他曾经写过一首浪漫的饮食诗——《为心爱的人下厨》。这首诗很有意境，还带点小幽默。

炉膛里，柴火为你燃烧，
房顶上，炊烟为你袅袅，我系上围腰，
手握明晃晃的菜刀。心爱的，
你想吃什么？阳光拌豆苗，
月亮煮清粥，
米线过小桥，
再加上两支红辣椒。心爱的，
你只要喜欢，
我会为你把春风用来青炒，
雨丝用来下面，
落叶用来红烧，
哪怕去捉五洋的鳖，九天的鸟，
飞雪山中的野味道。哦！你是盐你是醋你是酱我的红颜调料，
只有你懂我手中的勺秘制的香料。鼎沸中的微妙，
情爱中的独到，
你说我下厨的样子好爽好飘，
说这顿饭是你一生中的美味佳肴。哦！心爱的，
只要你需要，
我会永远紧握这把菜刀，

为你下厨到老，下辈子也为你烹调！

看到这里，你会不会羡慕二毛的太太呢？一位会下厨、会写诗、懂幽默、懂浪漫的丈夫，简直堪称完美。

许多女孩子公开宣称：“我理想中的男朋友一定要有幽默感。”的确，有幽默感的男孩子往往备受女孩子的青睐。一位男同学相貌平平，身高不过一米六八，可他竟然追到了校花。更让人大跌眼镜的是，毕业踏入社会后，他们俩还真成了一对。结婚当天，同学们纷纷要求校花透露男同学追求她的绝招，校花抿嘴一笑：“他是个幽默高手。”现场顿时响起一片嘘声，原来幽默竟然有如此大的魅力。

一位数学老师在公园的喷泉边向女朋友求婚，女朋友问他：“您真的不介意我脸上的雀斑？”数学老师温柔地回答：“怎么会呢？我生来就爱小数点。”顿时，女孩子心中泛起阵阵爱的涟漪，不久就戴上了数学老师送上的戒指。

在两性关系中，幽默就像助推火箭，推动爱情之星扶摇直上。它又像发动机，推动爱情之舟一路向前。

在家庭中，夫妻关系是最基本的关系，夫妻和谐则家庭幸福。反之，夫妻矛盾重重，则会把阴影投向家庭。相亲相爱的夫妻之间，情意绵绵的话语当然是必要的，但幽默会使夫妻更加恩爱。夫妻间有时难免会闹点小别扭，幽默则会使他们达成谅解，化干戈为玉帛。

有一次，老王的妻子对丈夫说：“你看看人家老张，当年失恋，后来发奋图强，如今事业多成功呀。”如果是一个不懂情理、缺乏幽默感的丈夫，他或许会说“那你去跟老张过吧”、“老张算什么东西”之类的话。可是富有幽默感的老王却说：“如果你当年拒绝我，我也会出人头地的，亲爱的老婆。”老王的妻子禁不住笑了，亲昵地给了老王一拳头。

古希腊哲学家苏格拉底的妻子脾气暴躁。有一次，苏格拉底正和他的学生们讨论学术难题，他的妻子突然闯了进来，不由分说地大骂一通，随后又提起满满一桶水猛地浇了过去，把苏格拉底的全身都弄湿了。学生们以为老师一定会勃然大怒，然而出乎意料的是，苏格拉底笑了笑，风趣地说道：“我是知道的，打过雷之后，一定会下雨的。”大家听了，都哈哈大笑起来。苏格拉底的妻子自知无趣，只得退了出去。在婚姻生活中，夫妻双方要懂得用幽默去浇灌婚姻生活，让婚姻生活变得轻松、快乐。夫妻彼此沟通，可以心领神会，使家庭生活自然、风趣、有滋有味。幽默是婚姻生活的助燃剂，它能使爱情之火烧得更烈、更旺。

给对方取个特别的昵称

在一个婚礼仪式上，主持人给新郎新娘出了一个题目：互相说出十个对方的昵称。两位新人就在那儿绞尽脑汁地凑数，种种滑稽幽默的昵称让嘉宾们忍俊不禁，什么小宝贝、小乖乖、猪头、丫头、包子、死鬼、老婆子……看着新人幸福开心的样子，所有的亲朋好友都笑了。

给对方取一个昵称，也不失为婚姻中的一种幽默，昵称除了能增进夫妻感情，还可以把欢乐带给周围的人。

生活中，大部分夫妻都是直呼姓名，或者把姓去掉，这样听起来比较亲密。在过去的年代，人们比较内敛，夫妻之前常以职务身份相称，比如妻子称丈夫“陈医生”，丈夫称妻子“温老师”。不管在家里还是外面，都这么称呼对方。这样的称呼多少显得生疏和冰冷。

那么，你是怎么称呼你爱人的呢？

当一个人爱上另一个人，最初的念头就是在心里给他一个特别的称呼，以区别于其他人对他的称谓。从心理学上来说，这种命名欲相当于小狗撒尿，企图从称呼上将对方划到自己的领地。

有不少人觉得，对爱人的昵称就像是我们穿的贴身内衣，怎能轻易示人？可是另外一些人，无论人前人后，都毫不忌讳地这样称呼对方。热恋期的情侣和蜜月中的夫妻更是如此，昵称就是他们的爱情宣言。

身高 1 米 85 的钱伟娶了一个身材娇小的妻子。他们总爱拿双方悬殊的身高开玩笑，但从来没有为此红过脸。他叫她：“小个子。”她总是爽快地答应，然后回应他：“大个子。”如果你看到她跳到路边的台阶上吻他的场景，就会明白，其实最不在乎身高的是他们自己。只有对感情有十足把握的夫妻，才能做到这一点。这也说明他们不仅能够包容对方的不完美，更能坦然接受自己的小缺点，并且学会用自嘲制造小幽默。

细想一下，我们不难发现，婚姻中，不管是路人皆知的称呼，还是独具个性的昵称，它们都有一个共同的作用，那就是把两个人变成“一对儿”。这些称呼或昵称，只有双方才知道如何解读。昵称越特别，就表明他们的爱情故事越与众不同。

初恋的年轻人都希望自己的恋爱与众不同，希望自己的爱情能够荡气回肠。“宝贝”、“亲爱的”这类称呼毫无新意，“老公”、“老婆”更是俯拾皆是。有网站举办过晒昵称活动，网友给出的昵称超乎很多人的想象：“我的王”、“围脖”、“小海豹”、“百忧解”、“烘干机”……从这些昵称也可以看出，恋爱中的人最具有想象力。

昵称对于我们来说是什么？就像是情趣游戏，也像是催情药。昵称是爱人间最亲密的“黑话”，两人之间的昵称，是恋人和夫妻之间才有的默契。生活中，称呼只是一个人的声音符号，但是一个温情有趣的昵称，会让人心生爱意，给婚姻生活增添一丝幽默感。

做个会调节气氛的幽默高手

张启瑞最怕跟妻子卫霜霜一起逛街。男人买东西总是很有目的性，发现合适的，价钱又合理，直接买了就回家。可妻子总是喜欢东逛西逛，看到喜欢的还要试个不停，货比三家，了解行情。女人只要出门，必定满载而归，没有半天时间根本回不了家。

一天下午，妻子让张启瑞陪自己去逛街，张启瑞借口说楼上邻居要来串门儿，所以没有跟着一起去。就因为没人陪，妻子便没有了时间观念，到了吃饭的时间还没有回来。

如果是以前，张启瑞会怒气冲冲地打电话催她回家。这次打电话，张启瑞却说：“你不要把钱花光了呀，我们还要吃饭呢！”

妻子知道丈夫是在跟她开玩笑，也笑着说：“你心疼了？”

张启瑞说："是呀！"

妻子调皮地反问："你心疼的是钱还是人呀？"

夫妻俩一问一答，对话中充满了轻松的幽默和爱意。

一项心理学研究表明：幽默感相同的夫妻较易共偕连理。美国《今日心理学》杂志称：能够一起发笑的夫妻，通常能维持比较长久的婚姻关系。

学会幽默，可以使夫妻之间充满欢乐。当你和自己的爱人在一起的时候，应该学会运用幽默来调节家庭气氛，消除家人的疲劳和烦躁，使家中到处流淌笑声，到处都充盈爱意。

幽默是任何说教、训斥、央求都无法取代的。在婚姻生活中加一点幽默，通常会收到意想不到的效果。善意的幽默可以化解抱怨，避免争吵，给家庭带来欢乐，也可以消除烦恼，使夫妻关系得以调适，使家庭生活充满阳光。

我们可以用幽默调节生活。夫妻之间偶尔开一些小玩笑，时不时地幽他（她）一默，不但可以加深夫妻间的沟通，而且避免了不必要的"战争"。婚姻生活中，男人或者女人试图表达对对方的不满，又不愿激化矛盾的时候，幽默就是最好的战术。

幽默也是男女自信的表现，是两人相处的润滑剂。婚姻生活中的幽默，只需要一个笑话，一则故事，或者一句妙语，一段趣谈。即使身处窘境，幽默也能缓解僵局。

婚姻生活中不可能没有矛盾，有了矛盾需要想方设法积极地去处理，而幽默是化解矛盾的最佳方式。夫妻生活中的语言是很有讲究的，同样是一句话，如果说法不一样，其效果就会相差甚远。

有一对夫妻，妻子晚上睡觉前总是唠叨个没完没了，以致于丈夫每天早上都不能按时起床。一天，妻子对丈夫说："你应该买个闹钟。"丈夫说："用不着，你不就是现成的闹钟吗？"几句幽默的话，就把妻子的缺点暗示出来了，于是两人在"和平"中解决了矛盾。

我们甚至可以用幽默激发思维。婚姻生活中不仅需要温柔和热情，而且需要充沛的情感和睿智的思考。

有位丈夫气喘吁吁地跑回家，一脸得意地对妻子说："我一路跟在公共汽车后面跑回来，这样省了一元钱。"妻子说："那你为什么不跟在出租车后面跑？那样不是可以省十元钱吗？"幽默的对话，给平淡的生活增添了一丝趣味。

幽默感是需要培养的，这就需要夫妻双方经常沟通。在沟通中，夫妻之间会形成一种习惯，而习惯又会成为一种自然。当双方都习惯了幽默对话，家里的氛围就会越来越温馨。

平时如何培养自己的幽默感呢?

首先，乐观对待现实。有的人在生活中遇到不如意的事，就会产生自卑感，对生活缺乏信心，觉得生活暗淡无光。如果能够用一分为二的眼光看问题，处世态度就可以更积极一些，用达观的心态去面对现实，拿得起，放得下，不要总是对那些不顺利、不愉快的事情耿耿于怀。如果是这样，那么你就具备了幽默的重要条件。

其次，扩大知识面。幽默建立在丰富知识积累的基础上，只有知识丰富，才能做到谈资丰富，妙语连珠。

最后，掌握一定的语言技巧。没有坚实的语言艺术做基础，幽默就成为一种无聊的笑料。幽默的语言需要运用大量的修辞手法，在运用幽默时，要提高语言表达能力，注重同形体语言的搭配和组合。

幸福的婚姻生活少不了幽默。不论在什么情形中，一对善用幽默来润滑婚姻生活的夫妻，他们获得的快乐要比那些整天吵闹不休的家庭要多得多。

I（Independence）独立

精神独立才能缔造安全婚姻

婚姻中既要相互依靠，又要各自独立。婚姻的目的不是绑定对方。

没有人是你不倒的依靠

懒惰和依赖是人的本性。长期在一起生活的两个人，很容易相互依赖。特别是女人，对男人的依赖感更强。

对男人来说，在恋爱的时候，他们往往喜欢依赖自己的女人，因为女人能激起他们的保护欲，使他们内心充满使命感和光荣感。结婚后，男人对女人的依赖感就会逐渐心生厌倦。

夫妻双方都有繁重的工作和事业，特别是现代社会，男人承受了很大的压力，若女人的依赖感太强，会让他们窒息。不过不可否认，有的男人很善于利用女人的这种依赖性去控制女人。

很多女人都梦想有一位男人可以支付自己所有的账单，但她们为此也承担了一些风险：当一个男人在经济上支撑一个女人时，过不了多久，就会感觉女人是个额外的负担。在男人的世界里，当一个女人除了妻子的身份以外，对男人没有别的牵制时，男人就会变得肆无忌惮。道理很简单：你依赖谁，就会被谁控制。

婚后女人的最佳状态，是既有肩膀可以安心依靠，又有翅膀可以自由飞翔。在人格和精神上独立，在情感上依赖男人的女人，才是最可爱的。

蜀绣和她的第一任丈夫是大学同学。丈夫是学校篮球队的队长，当时她非常崇拜和喜欢他，所以丈夫很容易就将她追求到了。

两人毕业后就同居了，同居期间，她对丈夫言听计从。为了迎合丈夫，她在一年多的时间内流产了四次，身体遭受了极大的损害，致使婚后迟迟不能怀孕。虽然多方寻医问药，始终没有效果。她与丈夫的关系也变得越来越差，婚前那个温文尔雅的谦谦君子，如今却成了“暴君”，动不动就对她拳打脚踢，只要不高兴就拿她当出气筒。即使这样，她仍然觉得自己离不开丈夫。可是她越表现得离不开他，他就越是肆无忌惮。

婚后第四年，她终于怀孕了。有一天晚上，丈夫喝醉酒回来，由于行动不便，她没有及时给丈夫倒水，丈夫竟然一脚将她踹倒在地上，引起大出血，那时她已经怀孕六个多月了。被送到医院后，虽经抢救捡回了一条命，但孩子没了，子宫也被切除，她永远失去了做母亲的资格。伤心欲绝的她再也无法忍受，毅然决然地和丈夫离婚。

由于对婚姻的恐惧，她对第二次婚姻相当慎重。她的第二任丈夫是位中学老师，为人忠厚老实，离异没有子女。交往了一段时间后，她觉得这个人可以依靠，于是就结婚了。

婚后一年多，丈夫和婆婆见她一直没有怀孕的迹象，就再也沉不住气，逼着她去医院做检查。这时她才说出了自己不能生育的情况，希望得到丈夫和婆婆的谅解。

结果并非如她所愿。从此以后，婆婆给她脸色看，丈夫也开始恶言恶语。即使她忍气吞声，也没能避免再次离婚的结局。

一个受过高等教育的女人，有着姣好的容貌，体面的工作，稳定的收入，为什么偏偏婚姻如此受挫？主要的原因还是她的依赖性太强。当她的精神世界被前任丈夫支配时，就失去了自我。

只有在自己的精神世界里自己支配自己的思想，才能在现实生活中找到自信。精神独立的女性，对待婚姻是一种自然而然的状态。现代女性要时刻倾听自己内心的声音，诚实面对自己真实的感受和追求，选择自己想要的，不曲意承欢，不委曲求全，不刻意讨好别人而压抑自己。

生活中常常发生这样的情景：一些女人在大家眼里是典型的贤妻良母，对丈夫无私的爱，让她们愿意为此牺牲一切，丈夫几乎是她们生活的全部。“只要他对我好，我怎样都无所谓。”这是她们经常挂在嘴边的一句话。为了丈夫，她们甚至可以失去自己的工作，中断自己的学业，专心留在丈夫身边，操持他的衣食住行。

她们认为，女人只有放弃自己的一切，专心陪在丈夫身边，才能牢牢抓住男人。实际上却并非如此，男人们更喜欢有思想、洒脱、干练、自信的女人。

精神独立本身是一种自我实现的状态，一个女人精神独立，是为了拥有自由的生活状态。只有这样的状态，才会发自内心地感到快乐、享受快乐并创造快乐。精神独立的女人不是要“一个人活”，而是“一个人也能活得精彩”。只有秉持这样的态度来爱自己，才能了解爱的意义，才有能力去爱一个男人，保证自己在婚姻中不受伤害。

看到这里，或许有的人会问，怎样才算是一个精神独立的女人呢？当你自己一个人的时候也可以感到快乐，你离精神独立就不远了。独立的女人不但能够在群体生活中得到快乐，而且能够在独自一人时享受孤独。

婚后你的一切仍然属于你自己

吕琪当年嫁给丈夫的时候，丈夫只是一个公司小职员，拿着不多不少的薪水，干着不忙不闲的工作。后来，丈夫不甘心这种波澜不惊的稳定生活，一狠心便辞职经商去了。

创业时期非常辛苦，丈夫各种生意都尝试过，也有失败的经历。吕琪的工作是会计，有一段时间，家庭收入全靠她那份工资。

像所有患难夫妻一样，他们共同度过了最艰难的日子。幸运的是，丈夫看准契机，投资了房地产行业，钱越赚越多，短短几年时间，就跻身亿万富豪之列。丈夫要求吕琪把工作辞了，专心照顾家庭和孩子。于是吕琪就过上了阔太太的奢华生活。

很多人都羡慕她命好，嫁了个好丈夫，一辈子享受荣华富贵，什么都不用愁。没想到的是，丈夫钱多了，应酬多了，心也就花了。

吕琪抓到了丈夫出轨的证据，怒火中烧的她提出离婚，但遭到所有家人的反对。家人反对的理由是，男人有钱了，在外面应酬是自然的，只要他的心还顾着家就好。像她这样一个中年女人，离开了他还剩下什么？

她仔细想了想，最后选择了妥协。现在的她每天跟着一帮富太太交际聊天，除了花大量的钱买衣服，买首饰，做美容，彻底沦为丈夫的附属品。

正是因为吕琪在富起来以后放弃了自己过去的一切，把丈夫和家庭放到了至高无尚的地位，才失去了自我。一个女人，一旦成了男人的“附属品”，男人就不会再把你当成一回事。现实中许多女性的不幸，根源皆在于此。

有一篇小说，大意是一对要踏入婚姻殿堂的未婚夫妻试穿婚纱，女孩在试婚纱的时候，选中了自己心仪那一款。她对自己圆润的肩膀很有自信，因此选了的露肩的款式。但是她的未婚夫却说："你是我老婆，你的肩留给我一个人看就够了，没必要在大庭广众下给那么多人看。"说完便一意孤行地定下了另外一款。

女孩恍然之间有了一种感觉，那就是结婚以后，自己的肩膀、手指、嘴唇等，都不再属于自己，而是变成了男人的附属品。从此自己也不会再有本名、笔名、小名等这些名字，而是只有一个名字，那就是某某人的老婆。既然自己没有选择婚纱款式的权利，于是就决定拒绝穿上婚纱。最后婚礼泡汤了。

看完这篇小说，相信很多女人都感触颇深，佩服那个女孩子如此有勇气，为了寻求独立，做出如此潇洒的举动。

是的，女人就应该学会独立。一个女人，可以不漂亮，可以默默无闻，但绝对不可以失去自己。女人也可以撑起半边天，并不是一定要靠男人才能活下去，女人并不是男人的一根肋骨。

现代婚姻中，男人心目中的妻子，是一个在生活上互相帮助的伴侣，是一个在工作上可以通力合作的伙伴，或者是一个旗鼓相当的对手。而女人则希望诠释丈夫所需要的各种角色，比如好主妇、好母亲、好媳妇，甚至是在工作上帮他的左右手。

如果女人不再依附在男人身上，如果有足够的工作能力，如果有一定的经济来源，并且坚持人格独立，那么她一定会活得从容自在。

不要相信男人"养你"的鬼话

对任何一个人来讲，只有经济独立，才能获得真正的独立。女人要自立，不能有"靠"的念头。俗话说，"靠山山倒，靠人人跑"，所以只有靠自己最好。一个女人只有经济上独立了，才会在生活中获得安宁。

内地女首富张茵在博鳌亚洲论坛的一次会议中指出："我跟自己的员工说，不要让先生来养活你，否则这时候生活就没有共同语言了。女人不可能永远都是花，是女人都会老的，你要有自己的工作能力，要跟丈夫分享在这个社会上发生的事情，分享自己的困难。无论在世界上，家庭里，女性独立都非常重要。"

一直以来，社会上都流传着这样的说法：干得好不如嫁得好。一个女人不需要太努力，靠丈夫养着就很好了。不少女人在经济上依赖男人，男人也因此而自傲，把女人视为自己的私有财产，甚至轻视女人。女人如果自己有能力，经济上独立了，何必依靠他人？完全可以随心所欲地过日子，从从容容地享受生活。

一些女人婚后大包大揽，开始想管他的钱，管他的行踪，管他的健康，管他的父母，管他的朋友圈，管他的生活习惯，甚至管他的梦想……这些在婚姻初期看似合理的甜蜜景象，时间长了，渐渐就会变成两人不和谐的矛盾之源。

女人必须靠自己过日子，只有自己才能保障自己的未来。在经济上独立，并不是要追求享乐，而是为了实现人格独立，为了维护个体生命的尊严。当女人在经济上实现自给自足，内心有足够力量抗拒外部世界带来的不安时，就会明白爱情不可能永恒，男人是否可靠，对自己来说无所谓。自己追求的任何东西，都可以凭着自己的努力得到，不必因此取悦他人，也不再担心会失去。当女人能够在经济上实现独立时，婚姻中，你只需和他互相欣赏，并将自己的生活与他分享。

只有经济上独立了，才能有真正意义的平等、独立和尊严。那么，如何实现自己的经济独立呢？

首先，要有一份自己的收入。女人应当是顾家的，这无可厚非，但不能因此辞职在家，让丈夫养着。"相夫教子"的说法，其实就是"伺候丈夫和孩子"。即使丈夫富有，养得起你，如果做不到经济独立，要想让他真正尊重你，实现起来也很困难，因为经济大权掌握在他的手里。

有一份收入很重要。你可以没有正式的工作，但一定要有收入。比如在网上开店，自由撰稿等，都是不错的选择。作为女人，要与社会保持一定的接触，不断提升自我，让自己与丈夫的距离不会越来越远。

其次，学一些理财技巧。有一种说法叫"女人就是要有钱"，这种观点很值得提倡。开源节流是理财的核心，女人要理性消费，能够抵制各种优惠促销的诱惑，避免相互攀比，“名牌不代表品位，前卫不代表时尚”。女人要懂得一些钱生钱的技巧，比如投资购买一套有升值潜力的小户型，自己住，可以节省一笔租房费用，等到有能力买大房子的时候，还可以出租，获得房租收入。或者购买开放式基金，将钱交给专家打理，自己不必投入太多的精力。同时可以考虑买一些保险，越年轻，购买保险的费用越低。有了保险，未来就会获得一定的保障，钱也花得有价值。

第三，做一些金钱之外的投资。无论你的收入是多少，记得分成五份。其一是增加对身体的投资，让身体保持健康；其二是增加对社交的投资，扩展你的人脉；其三是增加对学习的投资，加强你的自信；其四是增加对旅游的投资，拓宽你的视野；其五是增加对未来的投资，增加你的收益。

钱不是万能的，但是钱对女人来说意味着很多。如果没有钱，女人一旦遭到婚变，就可能会一无所有。

女人任何时候都需要独立起来，有自己的事业和特长。“长期饭票”固然好，但是永远没有自己劳动获得的收入让自己生活得更塌实。

做个独立的女人

每个人都需要有属于自己的生活，自己的圈子，自己的朋友，自己的工作，尽量做到经济独立，人格独立，生活独立。独立的女人才能撑起属于自己的那一片天空。经济上独立，即使未来遇到大风大浪，也不是可怕的事情，因为你有应对的能力。

女人要在婚姻中保持独立，关键要做好以下几点。

第一，彻底丢掉依赖别人的思想。

生活中，很多女人习惯把丈夫当成“长期饭票”。一旦经济上完全依靠丈夫，婚姻就容易变味。一个女人不需要赚太多的钱，但必须能够自食其力。做全职主妇之前，奉劝大家三思。尽管全职主妇的付出并不少，但因为没有经济收入，照管家庭和孩子的功劳也会显得苍白。全职主妇的日子过得久了，女人难免会因为没有收入显得有些底气不足。

第二，相信自己，不断提高自身的修养。

保持独立的关键是要相信自己。自信不仅仅建立在拥有良好形象的基础之上，还需要不断地提升自己的内涵、修养和品德。举止优雅的女人，比漂亮的女人更有韵味。温文尔雅的女人，比大大咧咧的女人更有亲和力。你不能成为一个“一心只知吃穿戴，两耳不闻窗外事”的女人。平时除了关注美容、化妆、生活方面的话题，还要多看报纸、看书、看新闻。

第三，坚持自己的理想，不断实现自己的价值。

有人曾经说过：“当你能飞的时候，就不要放弃飞翔；当你能做梦的时候，就不要放弃梦想；当你能爱的时候，就不要放弃爱情。”一个人实现自己的价值后，就能体会到一种成就感。作为女人，更是要坚定自己的信念。在当今这个时代，女人撑起了半边天，有信念的女人能获得更多的幸福。

第四，保持自己的兴趣爱好。

婚姻中的女人，一定要培养几项兴趣爱好，比如画画、看书、做瑜伽、听音乐、唱歌、旅行……这样，即使孤身一人之时，也不至于孤单。倾心于其中一两样兴趣爱好，还可以陶冶性情，修身养性，提高自己的生活品位和心理素质。这种自得其乐的生活，就算是孤芳自赏，也是一件令人愉悦的事情，何况还可以给自己带来健康和美丽。

第五，照顾好家人，也要爱自己。

女人在婚后操持家务，关爱自己的家人，这是自然而然的事情，但是也不能把自己给忘了。珍惜自己，其实也是珍爱家庭。在一个家庭中，女人的重要性是毋庸置疑的。如果把女人比做一个家庭的掌舵人，一点儿也不为过。前方的人奋力划桨，后方的人坚定地把舵，这样才能合力驾驶婚姻这艘小船，使之顺利到达目的地。

第六，持家有道，保持独立生活的能力。

要想使家庭良性稳定地发展，女人往往发挥着很重要的作用。不要强求夫妻“双剑合璧”这种超乎完美的配合，大家需要的只是夫妻之间取长补短。婚后的女人，要在治家理财方面不断学习，这样才能让自己开心快乐、游刃有余地处理家庭方方面面的事情，避免把自己搞得焦头烂额，心力憔悴。

第七，有主见，有自己解决问题的能力。

女人需要具备独立处理各种家庭事务和问题的能力，包括做饭洗衣、修理小电器、办理购房或租房手续等事情，也包括与各种人打交道的能力。你可以不做这些事情，把其中的全部或者部分委托给丈夫或者其他人，但是你千万不要缺失处理这些事务的能力。

J（Journey）旅行
旅行有助于婚姻保鲜

美国《心理学》杂志说，婚后倦怠感会使伴侣的满足程度大大降低，而旅行则是让婚姻保鲜的有效方式。

他是你终生的“伴旅”

夏曦和佟威结识于一家社交网站，两人第一次见面的地点是在博物馆。彼此对对方的第一印象都非常好，因为他们有很多共同话题，特别是都喜欢旅行。

谈恋爱的时候，他们去了很多地方。两人认为，人在旅途中的状态是最自然，也是最真实的，一起去旅行，可以充分地了解对方。果然，他们的感情在旅途中突飞猛进。

婚后，两人可以说是夫唱妇随。夫妻俩都热爱摄影，丈夫热衷于研究摄影器材，妻子则喜欢研究画面构图。每次摄影，他们都抢着拍照片，并且切磋摄影技术。此外，两人都喜欢吃海鲜，在饮食方面可以说是“臭味相投”。

在两人在决定养孩子之前，常常开车到周边去旅行，而且每年都有一次长途旅行，几乎把国内走了个遍。接着，他们又把旅行的范围伸向了国外，比如柬埔寨、法国、瑞士……两人决心把足迹踏到每个想去的地方。

佟威设计了一面照片墙，把两人去过的和想要去旅行的地方绘成地图，并且贴上照片，夏曦则在照片上配了一些或温馨或幽默的文字。婚姻是一场奇妙的旅行，他们彼此相信对方是自己的终身“伴旅”。

因旅行结缘最后步入婚姻殿堂的夫妻有很多。我们常常把旅游和旅行这两个概念混为一谈。通常大家旅游的动机很简单，也许是满足一个简单的愿望，也许是寻找一个休闲享乐之地，通过欲望和需要的满足，达到快乐的目的。旅行则全然不同，它的动机和目的更复杂，也许在人们踏上行程的那一刻起，内心中泛起的并不仅仅是快乐，还可能包含着些许的痛苦。然而这种情绪并非是人们无意义的纠结，恰恰相反，它包含着一种对自我内心的尊重和对未知世界的敬畏。

心理专家经过研究发现：大部分结婚多年的夫妻容易“日久生厌”。在长期的平淡生活中，夫妻产生无数摩擦，如果两人不擅长沟通，互不忍让，就会导致婚姻出现裂痕。出现这种情况后，旅行是解决婚姻危机的一种最佳方式。

当夫妻俩离开固定的生活圈，进入一个全新而又陌生的世界时，会不由自主地产生相互依靠的感觉。同时，妻子表现出的依赖感，会让丈夫自信和自豪。这样一来，丈夫心情愉悦，就会带动妻子快乐的神经，彼此间的隔阂也就轻松化解。

在西方国家，心理咨询师对夫妻进行心理辅导时，通常会针对夫妻之间的问题，设计专门的旅行路线、场景以及旅行中的小活动，并随时进行指导，以便夫妻双方在旅行中发现问题，增进感情，学会相处之道。例如，夜晚，夫妻俩在海边散步，然后安排丈夫放烟火，准备一束鲜花送给太太。或者安排夫妻俩去登山，登山前只提供必备用品和食物，双方只有彼此照顾，互相依靠，才能爬上山顶……

婚姻如旅。增进夫妻感情，最好的方法是一起旅行，让婚姻保鲜的最好方法，也是两个人一起外出旅行。很多时候，我们都把旅行当作一件心仪的衣服，迫不及待地穿上，而后又心满意足地脱下。有些人则是为了缓解生活压力和情绪不安，或者是为了满足自身的种种欲望。

婚姻如同一场旅行，我们一直身在旅途，由青春到暮年，由此岸到彼岸。目的地固然重要，沿途风景同样不可或缺。但最令人刻骨铭心的，或许是一次次的意外、惊讶，甚至是坎坷、遗憾、失落。我们总在寻找获得幸福婚姻的方法，寻找婚姻的意义。其实婚姻这场漫长的旅行，来了就来了，看完之后，留不下一丝足迹，只有心灵深处，会留下一些感动和记忆。

找到最好的旅行攻略

蜜月期，是夫妻俩感情最浓的时期。两人抛开一切纷扰，完全进入甜如蜜的天地，享受“伊甸园”之乐。如果婚后能利用节假日，每年安排一次“蜜月”，来个外出旅行，重建两人的爱情小天地，重温昔日的美梦，说不定能掀起新的爱河波澜，使夫妻感情越来越浓。

对于有孩子的家庭来说，只要选择合适的旅行方式，合适的旅行地点，照样可以把家庭旅行进行到底，把婚前两个人的浪漫之旅，变成三个人的温馨之旅。孩子小的时候可以在市郊转一转，比如森林公园、植物园、动物园。推着婴儿车，让孩子在效外呼吸新鲜空气，与大自然做最亲近的沟通。夫妻两人通力合作，路途中照顾孩子，分担责任。稍微大一点，孩子会走会跳了，可以选择采摘、郊游、露营等户外旅游，让孩子参与到其中，体会劳动的快乐。

近年来，家庭式的蜜月旅行受到很多人的追捧。有一对夫妻制定了一套旅行计划，刚开始，两人只是考虑自己的喜好，后来发觉操劳了一辈子的双方父母，都没有举办过什么隆重的婚礼，也很少外出旅行，所以决定给两对老人补办一次蜜月旅行。没想到，这次旅行竟然有意外收获，原本双方父母交流得不多，即使见了面也非常客气。通过这次旅行，两位妈妈时时事事都通电话，关系变得非常亲近。夫妻俩不仅献了孝心，同时也拉近了两家人的距离。

出游之前必须先做好功课，最好拟定一份详细的出游计划。家庭旅行，除非是出国跟团旅游，否则最好选择自由行。如果旅行地比较遥远，可以提前预订机票，事先拟好路线。各大旅游网站和航空公司网站都有订票业务，提前预订还能享受低折扣，节省家庭开支。

其次，选择淡季出游，避开旅游高峰期。淡季出游，不但有很好的出游环境，还能节省一大笔花销。酒店也需要提前预订，有些旅游网站推出返利活动，可以货比三家，选择自己心仪的，性价比高的。预订酒店的时候，需要了解旅游目的地的情况，因为地区差异，住宿不一定能尽如人意。如果是一些二三线城市，干净整洁、服务周到的快捷连锁酒店，就能满足你的需求。如果到新兴旅游地，当地开发不完善或者尚未开发，那么可以选择有特色的家庭旅馆，享受家庭式居住的舒适感。

第三，机票和酒店订好之后，就要着手准备攻略了。出发之前，可以拟定一份路线图，制定每天的行程。你可以参考一些网友的旅行推介，了解当地的特色，当地特产以及当地的风俗习惯。喜欢摄影的朋友，可以带上专业装备。现在一般的智能手机都有拍照摄像的功能，而且效果还不错，另外，智能手机都有 GPS 定位功能，可以让你摆脱迷路的烦恼。

旅行中尽量多拍一些照片，不需要刻意摆出专业动作，随性随景就好。等到回忆往事时，看到爱人在镜头前各式各样性感、搞怪、开心的动作，你就会意识到，生活在不断改变，景色在不断变换，你的爱人虽然容貌有了变化，但他依然是陪在你身边的那个人。这些照片是你们爱的纪念册，爱的体验，只要看到它，就能激发你的浪漫情感，引爆生活激情。

最后，推荐几个比较适合夫妻旅游的景点：广西涠洲岛、厦门鼓浪屿、西塘古镇、凤凰古城、青海湖。

即刻出发，下一站是幸福

《飞屋环游记》这部动画电影，讲述了一个名叫卡尔的怪脾气老头的故事。他干了一辈子气球推销员，曾经希望成为伟大的探险家，一生都在梦想环游世界，到异境探险，然而却平淡地过了一生。

当他还是一个孩子的时候，遇到了有着同样梦想的女孩艾莉，他们一块长大并相伴到老。卡尔与艾莉拥有共同的愿望——去南美洲失落的“天堂瀑布”探险，然而没等这个想法成行，艾莉便去世了。失去了艾莉的卡尔变得固执、寡言，对生活没了热情，对亲情的体会也只留在记忆中。

一个阳光明媚的日子，木屋的烟囱里突然飘出了成千上万个气球。五颜六色的气球竟带着整栋房子飞上了天。原来，倔老头卡尔终于下定决心离开碌碌无为的无聊社区，乘着气球飞屋，踏上异想天开的探险旅程。

住在附近的八岁小胖孩拉塞尔误打误撞溜上了飞屋。酷爱野外探险的拉塞尔，是个古灵精怪的小家伙。从此一老一少结伴飞向了奇妙世界……

这个影片感动了不少人。卡尔与艾莉至死不渝的爱情，一座承载着满满爱意的小屋，无论是一张相片，一个沙发，亦或是屋子中的任何一件摆设，都记录着一段往事。当卡尔发现生活中最真实的冒险，并不是在旅行中，而是存在于同朋友、家人每一天相处的过程中时，我们也明白了旅行的意义。

对于旅行的意义，每一个人理解都不相同。两个人相爱了，要去旅行。两个人不爱了，也要去旅行。有时候，选择远远地走开，是为了离开一个人。有时候走得很远，却是为了和一个人靠得更近。旅行，是我们最容易想到的摆脱现实困境的方法。爱与不爱，都是现实的困境。

曾经有一篇文章这样写道：上大学时，你的理想是环游世界；大学毕业后，你说找到工作以后再去；25 岁工作稳定，你说买了房子以后再说；30 岁有房有车，你说等结婚了再带妻子一起去；35 岁有了小孩，你说孩子大一点再去；40 岁孩子长大了，你说等送走了老人再去……最后，你哪儿也没有去。

趁一切还来得及，背上行囊，和自己的爱人一起踏上有无限可能的旅行。不要让婚姻磨灭了你的热情，埋藏了你的记忆。在旅途中，可以和爱人手牵着手体验幸福，重温初恋的美好，一起寻找旅行的意义。

两个人一起旅行，是从自己的身体到自己的内心，从自己的内心到爱人的内心的一次穿越。

K（Kiss）亲吻

亲吻是保持亲密关系的秘密武器

有研究表明，在长期婚姻生活中，亲吻和拥抱是男人幸福指数准确的预报器。

关于亲吻的那些小技巧

对男人而言，在长期的婚姻生活中，相较于传统意义上的智慧，亲吻和拥抱更重要。据调查，相爱的男女都无一例外地渴接吻。对于大多数男性来说，他们不仅记得他们第一次亲吻恋人、爱人的细节，而且他们更希望甜蜜的吻一直伴随在他们的情感生活中。

《情爱私语》一书中提到：在亲吻时，最佳状态是感受到自己的呼吸变得沉重，双眼紧闭。清晨醒来时的第一吻，能让人感到备受关爱；共进早餐时的第二个吻，会让一天的交流在温馨中开始；临出门时的第三个吻，则让人一天都感到心绪平静。饱满的情感带动身体语言的表达，瞬间便缓解了人的压力。

男人喜欢亲吻时那种双方身心相对坦诚的感觉，但在亲吻过程中，他们也有一些小小的“忌讳”。了解男性的亲吻喜好，是密切双方关系的最佳途径。

第一，用眼神说话。

大多数男人更希望亲吻之前多一些眉目传情和眼神交流。在接吻过程中，他们不喜欢被对方紧紧盯着看。所以亲吻前，向他含情脉脉地抛抛媚眼，放放电，同时用手指轻轻摩擦他的面颊，接下来的热吻肯定荡气回肠。

第二，偶尔来个突然袭击。

在看电影时，突然吻他一下，或是趁着挤汽车的间隙，趁着父母不留神的空当，突然给他一个热吻，一定会令他惊喜不已，兴奋难耐。30岁的王平说：“一次我们在家中请朋友吃饭，妻子突然叫我到厨房来，说让我帮把手。我一进厨房，她便抱住我热烈地吻了我一下，然后才递给我一碟水果，让我端出去招待客人。她的吻来得太突然，简直让我措手不及，所以当时我没能做出什么反应来。可后来，我越回味越兴奋，觉得我的妻子可爱极了。”

第三，亲吻时不要“一心二用”。

一些男人抱怨妻子喜欢在亲吻的间隙聊东聊西，或者在亲吻时突然说起一件与此毫不相干的事情来。丈夫对妻子的“一心二用”会觉得很扫兴，很无奈。记住，男人很看重女人对他们那种血气方刚、势不可挡的力量的认同，你稍有疏忽，他们就会很敏感地觉察出来，同时感到自尊心受到伤害，令他锐气大减。为了能集中精神应对他，有时你倒也不妨把他想象成一个能激发你情欲的“外人”，只是这个秘密永远也不要让他知道。

第四，尝试法式热吻。

毫无疑问，法式热吻最令人销魂。不过有一点切勿忘记，虽然男人都喜欢挑战性，可是你也不能太主动，否则他会慢慢感觉沮丧直至厌倦的。最好的办法是，别让他觉得你是在“进攻”，而以为你已经“屈服”于他。这对于你来说其实并不难。

第五，利用一些小伎俩。

轻轻地吻他一下，随即快速躲开，这种挑逗行为很能刺激男性。不妨好好利用你的舌头，搞搞这类小伎俩。亲吻时轻柔地爱抚对方脸颊，但绝不要使劲挤压对方的脸，或者紧紧抱住脑袋不放手。你可以在与他亲吻时突然挣脱他，直视他一会儿，让他也看着你，看到你的情欲被唤醒的样子，然后让你的舌尖轻轻探入，稍后再进一步深入并逐步用力，逐步“升级”。这种做法会令他更享受，更兴奋。

用拥抱和亲吻缓解皮肤饥渴

李老师结婚十几年了，日子一直过得平平淡淡，既没有特别感动的日子，也没有刻骨铭心的时光。直到有一天，学校新来的一位实习老师对她说：“李老师，我昨天看见您和您先生在街上牵着手散步，那情景好温馨，好浪漫，好感人呢！”

李老师觉得年轻人太夸张，与先生牵一下手没必要大惊小怪，何况她当时也不是有意识的。但回头一想，心里竟然猛地一颤，像有一根尘封太久的弦被人拨了一下。这分明是一种感动，一种在喧嚣的都市里生活多年的人久违的感动。

现实生活中，人们追求物质生活的欲望越来越强烈，而对感情生活却看得越来越平淡，但是生活不能没有感动。既然别人被自己感动了，那就应该好好珍惜。

从此，每次出门，李老师不再害羞，而是十分坦然地牵着丈夫的手，把自己的体温和情感传递给他。渐渐地，丈夫也认同了她的做法。他们时常会不约而同地伸出手，然后相视一笑，仿佛又找回了逝去的青春。

再后来，李老师和丈夫都习惯了牵手。只要有高兴的事，就会牵起对方的手，一起分享快乐和幸福；如果谁遇到了不顺心的事，另一个也会轻轻地伸出手来，夫妻二人一道承受和化解忧愁和苦闷。

出门时，夫妻牵一下手，作个无声的祝福和告别；回到家，再牵一下手，告诉对方：我回到你身边了。如果回家晚了，进门后与对方牵一下手，既表示歉意，也传达了挂念……

中国人向来不善于表达情感。传统的夫妻生活都是“相敬如宾”，情感交流以内敛深沉为主，连互赠情诗这样的行为，都只能是发生在风流墨客和青楼女子之间，拥抱和抚摸更是不可能。

长期以来，我们的皮肤处于饥渴状态，心灵也常常陷入孤独的困境。我们不会轻易去拥抱别人，也因为缺少拥抱，不愿意与他人分享生命的快乐和忧伤。

现代社会，迫于各种压力，夫妻之间相处的时间越来越短，接触也越来越少，十分容易诱发“皮肤饥渴症”。有学者发现，若皮肤处于饥渴状态，心灵更容易孤独。若夫妻间缺少皮肤接触，久而久之，丈夫会对妻子冷淡，妻子的性情也会变得冲动，因此夫妻间应多拥抱爱抚对方。

夫妻之间要尽量寻找机会进行身体接触，比如走路时手牵手、臂挽臂；坐着时要相互依偎，不时抚摸对方的手；如果相向而坐，也可以用脚在桌下“交流”。

皮肤是人体最大的刺激感应器，身体接触是感情的黏合剂，能保持身体对性爱的渴望和敏感，还能帮助大脑释放“情激素”，帮助伴侣建立起奇妙却异乎寻常的亲密感。

美国加利福尼亚大学精神病学教授海拉·卡斯博士研究发现，拥抱会刺激脑部垂体后叶激素的分泌。这种激素能减轻压抑感，延缓衰老，让女人变漂亮，男人容光焕发，性爱次数和性爱质量也大大提升。为了教大家通过拥抱激发对方的性欲，法国专家给出了“爱人拥抱指南”，教大家通过拥抱促进感情。

第一，发出拥抱邀请。很多夫妻婚后拥抱次数越来越少，主要原因是一方想要拥抱时，另一方却没有回应。伸出双臂，对爱人说“抱抱”，是最好的拥抱邀请。你敞开怀抱，也说明你心里有他。

第二，一手揽住腰，一手按摩后背。背部的脊椎是一个汇集全身多种神经的重要部位。在拥抱女性时，可以用一只手揽住她的腰，另一只手轻轻地用指尖在其背部游走，这会让爱人轻轻颤抖，情不自禁地和你抱得更紧密。

第三，从后面抱她（他）。无论男女，都喜欢有人从后面抱住自己。对女人来说，男人从后面拥抱她，亲吻她的脖子、背部、耳后，在她耳边说些情话，然后用手爱抚她的胸部、小腹，会让她陶醉和快乐。对男人来说，爱人从后面抱住他，说明需要他，会激发起男人的保护欲和被需要的感受。

第四，拍拍她的屁股。男人在拥抱女人时，手可以沿着腰一路向下，滑到臀部，然后轻轻拍打她臀部翘起的地方，也可以用手指在臀部轻轻画圈，这能激起她的强烈性欲。

第五，边拥抱边亲吻。拥抱时，女人可以把头靠在对方的肩膀上，默默地感受对方的爱意，然后抬起头，四目相对，深情亲吻。这时无论你们做什么，都是爱的指引，一切都会变得顺其自然。

一起浪漫到老的7个法宝

两个人在一起生活的时间久了，天天都要面对一些家庭琐事。面对家庭琐事，恋爱时那种甜蜜就再也找不到了，心目中曾经最美丽的她也变得不怎么顺眼了，这时夫妻之间最容易出现问题。为了防止感情变淡，夫妻双方不妨给婚姻来点浪漫色彩。

增进夫妻之间亲密关系有什么法宝呢？

法宝一：情话。

调情是增进彼此关系的润滑剂。美国休斯敦州立大学的一项研究发现，对着爱人的左耳说甜言蜜语，更能打动对方。夫妻间每天至少需要说三句情话，如“我爱你”、“我想你”等。不要小看了这些话，它们很直白地表达出了你对他的情感。

100岁的威尔伯·法阿斯和96岁的老伴特丽萨，获得了“世界婚姻恳谈会”颁发的“世界上婚龄最长的夫妇”这一荣誉称号。威尔伯曾是美国前内华达州参议员，在两位老人婚姻保鲜问题上，他可以说功不可没。每天早上起床后，他做的第一件事，就是对妻子说：“我爱你。”他担心总说这句话会让妻子腻烦，于是还换着花样逗老伴开心。妻子特丽萨患有老年病，威尔伯除了每天照顾她的生活起居，还要和老伴一起玩填字游戏，以便让妻子保持敏锐的思维。

法宝二：幽默。

幽默能化解矛盾，消除隔阂。幽默包含了很多信息：体贴丈夫，赞美丈夫。丈夫接收到这些信息，心情自然就会多云转晴。

一位妻子对丈夫说：“我真不明白，追求我的人里，哪个都比你有钱，可是我为什么偏偏鬼迷心窍喜欢你呢？”丈夫并没有生气，而是说：“那是因为穷人比富人更会关心女人，至少更关心女人的身材。跟着我，你永远都用不着为腰围发愁。”

还有一位妻子经常怀念他们相识的那段时光，于是问丈夫：“你怎么看我们的相识？”丈夫回答说：“认识你就像误入了一家正在促销的商场，明知‘买一送一’是虚假广告，却经不住诱惑。”

法宝三：性爱。

夫妻间大部分的性活动是在自家卧室中进行的，因此夫妻双方都要做出努力，创造卧室的美好环境，让它成为一个浪漫的场所。不要把卧室变成一个堆放各种电器，甚至是充当娱乐场和办公室的场所。

另外，性爱需要全方位的刺激，视觉、嗅觉、听觉、触觉，为了改善效果，可以尝试使用情趣内衣，将卧室里的灯管换个暧昧的颜色，一起去风景优美的地方……这些都能为性爱增加浪漫气氛。你也可以约他去看火爆的爱情剧，他的激情会由此点燃。给他一些爱抚和暗示，引逗他讲一些爱情话题，专心地听，给他一点回应，也可以用激情的话语挑逗他。有了这些手段，由不得他不爱你。

美国著名性健康心理专家凯斯·艾伯罗说，“回家无性趣”跟夫妻感情无关，冲淡兴致的，往往是繁杂琐碎的家务。所以夫妻俩不要在浪漫的时候谈一些家庭琐事，这将会让你们感到扫兴。

法宝四：欣赏。

女人善于欣赏和表扬孩子，却习惯用挑剔的眼光看丈夫。其中原因很多，但长此以往会伤害感情，破坏婚姻的稳定。人人都希望得到表扬，表扬越多，越能激励人们好好表现，所以不妨将对丈夫的欣赏和赞扬挂在嘴边。

在舒适的傍晚，轻松的假日，悠闲的午后，适度地赞美他，从他的体魄到他的人格。注意不要俗气地一个劲说好话，适度地指出他一两条并非致命的弱点，不要嘲讽他，或逼他自嘲，这也是一种很不错的亲密方式。需要注意的是，表扬的成分要多于批评。

法宝五：沟通。

婚姻幸福的首要任务，就是学会沟通，懂得如何解决冲突。沟通中要注意提高沟通的效果，最好用赞美代替批评，避免人身攻击。尽量要少用“经常”、“总是”、“太”等这样的程度性修饰词。另外，沟通时要避开生病、疲惫、饥饿或工作繁重的时候，不然效果会大打折扣。

法宝六：取悦。

浪漫未必都是用钱制造出来的，甚至也不需要鲜花美酒，其形式可以丰富多彩。比如，妻子喜欢看电影，丈夫耐着性子陪她看完，就是一种浪漫；丈夫加班回家很晚，妻子开着灯等待，并在他进门后端上一碗热乎乎的汤，也是一种浪漫。妻子也可以趁丈夫不注意的时候，把他的手机问候语改成“我爱你”，或是陪丈夫看一场他喜爱的足球赛，让他知道你愿意带给他幸福和快乐。

法宝七：童心。

在家里，夫妻俩不妨学学孩子，玩些小游戏，彼此间开开玩笑，也能调剂枯燥、单调的生活。多保留一点天真、单纯，多拥有一点爱好、好奇，对提升婚姻幸福感很重要。拥有童心的人，生活更快乐，心境更轻松，也更善于发现生活中的趣事。

L（Lazy）懒惰

适度的懒惰有益婚姻

太勤快不一定有好结果，因为婚姻中的付出是相互的。适度的懒惰会让对方变得勤快。

偶尔也做个“闲妻晾母”

很多妻子都暗自抱怨丈夫太懒。她们总是愤愤不平，有时候赌气，垃圾就放那儿，看他倒不倒，碗筷就放那儿，看他刷不刷。可是到最后，还是自己看不下去，亲自动手处理了这些事务。

很多妻子都会遇到这种情况：有了孩子以后，家务活比以前繁重了很多，可丈夫还是老样子，眼里从来看不到堆着的脏衣服，电脑桌上落满灰尘他也不擦，自己的衣服脱下来就往沙发上扔。有些丈夫下班回家只有两件事：吃饭和上网。高兴了跟孩子玩上几分钟，但是孩子吃饭、洗澡、睡觉、讲故事、做游戏……所有这一切他都一概不参与。孩子尿到地上了，叫他拿个抹布他都磨磨蹭蹭。

在外人面前，丈夫口若悬河，侃侃而谈，可是回到家里，跟妻子说话却总是话不投机。面对这种情况，很多妻子甚至怀疑丈夫是不是不爱她了。这些问题就像一团纠缠不清的乱麻，常会搞得妻子精疲力竭，甚至情绪低迷。

或许丈夫的懒都是妻子惯出来的。看看下面的家庭生活，有没有感觉似曾相识呢？

他一回到家就倒在沙发上看电视，吃完饭就坐在电脑旁玩游戏。而你下班回来，还要系上围裙给他洗菜做饭，饭后还要洗碗、擦地、洗衣服。家务活你全权负责，统统揽下。

他和孩子身上的衣服全交给你，不用操一分心。而你呢，多苦多累只有自己一个人知道。孩子哭了、便了、摔了、痛了，都是你第一个冲上前，而他压根就不动弹。

早上，他赖在被窝里迟迟不起床，无论天气多冷多热，你都得一大早爬起来，坚持给全家人准备早餐。

他出去狂喝豪饮，烂醉如泥。回到家后，你还要伺候他宽衣解带，连哄带劝怕他冻着，给他盖上被子，呵护倍至，疼爱有加。

家里的瓶瓶罐罐，衣服鞋袜，杂七杂八，他的用品，孩子的用品，除了你谁也找不到。家里柴米油盐酱醋他不知道什么用完了，什么时候买新的了，而这一切只有你一个人知道。

你是一个让他很放心的女人，他不会担心家里会弄得乱七八糟，因为他知道，你是一个特能干的女人，有你在，什么事都能搞定。

现代女人，白天需要努力工作，晚上回家还要围着锅碗瓢盆转，忙得晕头转向。有时候累了烦了，只能向丈夫撒气，怪丈夫懒惰，怪丈夫什么都不干，于是家务事引发家庭内部斗争。

对于这些能干的女人，不妨学习一下那些明智的太太，偶尔做做“闲妻晾母”。其中的道理很简单，只有激发了丈夫干活的欲望，让丈夫意识到妻子需要他们，他们在家里也有用武之地，这样才能改造丈夫的懒惰。

男人做家务，可能会犯不少错误。比如碗没洗干净，把碗盘摔碎了，菜炒糊了，或是盐放多了。遇到这种情况，你一定要沉得住气，不要批评他。当他有一点小进步时，要大力表扬他，不仅在家里表扬，有机会还可以在朋友面前给他扬扬名，让他乐在其中，越干越欢。

一个家庭的家务事就那么多，千万不要把他宠坏。夫妻齐心协力一起做家务，才是最理想的家庭状态。谁有时间就多做一点，谁身体不舒服可以休息一下。互助互爱，不在家务琐事上较真儿，才是一个真正的幸福家庭。

把丈夫变勤快的方法

一个上海女人说：上海男人都会做家务，理由很简单，因为上海女人会发嗲。先生在做家务的时候，上海女人就在旁一边磕瓜子，一边帮他扇扇子，嘴里还一边嗲声嗲气地说：“老公，你真行，隔壁家的男人比你差远了。”然后丈夫就心甘情愿地担负起了家务重任。

江南女子那种娇滴滴的样子，一口吴侬软语，的确能让男人产生一种保护的欲望，自然脏苦重活都抢着干了。男人总是希望保护自己心爱的女人，看着面前娇小柔弱需要保护的女子，他们怎么能坐视不管！

蓉蓉在婚前就经常听到众多已婚姐妹向她抱怨：“我家那位，婚前还挺勤快，什么都抢着干。可结婚之后全变了，家务活不干了，还总找借口逃避。”

婚后三个月，蓉蓉就发现苗头有点不对了。丈夫以前总是脏活累活抢着干，现在呢，提醒他做家务，他就假装视而不见。更让人气愤的是，每当让他洗碗的时候，他都喊着要上厕所，拿起手机往厕所里钻。叫他帮忙晾衣服，他就找借口推脱，甚至逃出家门。

后来蓉蓉明白了，他的这种行为是在找借口逃避做家务。于是她决定学习上海女人发发嗲，充分发挥自己女性的优势和魅力。当丈夫再次推脱责任的时候，她就开始靠在他身上撒娇：“老公你最好了，帮人家把碗洗一下嘛，我去给你削个苹果……”刚开始丈夫还不情愿，但是面对她的柔情攻势，终于败下阵来。

一开始，蓉蓉和丈夫还是一起做家务，丈夫洗碗，她就在旁边帮忙递碗、擦灶台；丈夫洗衣服，她就帮忙拿出去晾晒；丈夫做饭，她就帮忙准备食材，时不时还夸奖几句：“老公，你做的饭真香，做的菜真好吃！”久而久之，丈夫做得越来越好，她做得越来越少，家务活逐渐都落到了丈夫的肩上。

男人向来都是吃软不吃硬的，事事要给足他面子，给他台阶下，他们才会积极主动。做家务也是一样，不要用命令的口吻去要求他做这做那，否则会适得其反。培养男人做家务不能太心急，心急吃不了热豆腐，只能用温柔的手段慢慢调教他。

面对家中天生懒惰的丈夫，需要好好调教，不妨试试下面几招。

第一，学会发嗲撒娇。在恰当的情况下撒撒娇，就如同给男人灌了迷魂药，他会乖乖地听话，并做完所有的家务事。发嗲永远是女人对付男人的最佳武器。

第二，不要逞强。和谐家庭中的男性和女性是强弱互补的，你弱他自然就强。妻子在家务劳动中要多多示弱，不要逞强。要把自己的胆小和辛苦表现出来，展示给丈夫，让丈夫在家务事中充分体现大男人的胸怀。

第三，赞美和鼓励。不会做和做不好家务，都是男人惯用的偷懒借口，他们就像大孩子，时不时地会试探你的耐心和承受能力。你必须相信他，并且不断地赞美和鼓励他，他才会做得越来越好。你还可以带他到有模范丈夫的家庭去做客，让他耳濡目染，接受熏陶。

第四，要耐心引导。要站在为他好的角度引导他做家务。比如，他整天趴在电脑前打游戏，你可以从他的健康入手，建议他帮你晾晾衣服，收拾收拾书房，活动一下，预防产生颈椎病。对于这样的借口，有几个男人能不领情呢？在这种潜移默化的影响下，男人慢慢就会有了改变。

总之，再优秀的男人也是需要调教的。只要调教得好，调教得妙，没有哪个男人会懒惰一辈子。

懒是带着幽默的智慧

一本书上说：懒是一种带着幽默的智慧，体现着人性化的生存。的确，聪明的懒女人知道自己生活中最重要的是什么，她们不但能懒出格调，懒出品位，还能培养出一位勤快的丈夫，使家庭生活舒适自在，和谐美满。

韩茹梦是一位中学老师，结婚后，家里大小事务都是她一手包揽。可自从她带了毕业班后，压力特别大，再加上家务活全落在她一个人身上，经常把她累得够呛。她决定下放家务活，培养个勤快丈夫。

于是，她一改往日的勤快面貌，开始给丈夫摊派一些家务："老公，把你的袜子洗一下。"丈夫二话没说，三下五除二把袜子洗干净了。可她得寸进尺："把你这件衬衫刷一刷。"这种事丈夫以前可从未做过，所以心里很不情愿，在那儿磨磨蹭蹭。她柳眉倒竖，杏眼怒睁：如果你不刷，这桶衣服全归你洗。"丈夫一听，只得乖乖地刷衬衫。

事情发展到后来，竟然连她的衣服都让丈夫洗。为此，家里还上演了数场“战争”。丈夫大呼冤屈，有种上当受骗的感觉，可是转念一想，妻子最近工作比较辛苦，于是也就忍声吞气，尽力多做一些家务。

妻子送走了毕业班，丈夫也不知不觉地干了许多家务：洗衣、做饭、拖地板，样样干得像模像样，而妻子依旧懒如从前。回到家，韩茹梦就捧起书本津津有味地看，丈夫想叫她过来帮忙，却又不忍心扰乱她专心读书。

从此以后，丈夫变勤快了，韩茹梦变懒了。

夫妻之间，一方太强，另一方势必会弱，这样的不平等，久而久之，就会使得原本和谐的夫妻关系变得紧张。妻子学会示弱，做聪明的“懒老婆”，这并不是真正的懒惰，而是明白居家过日子的大道理。家务事永远干不完，不如分开两人做，这样每个人都可以腾出时间，陪家人享受生活，体验快乐，也为家庭增加一些和谐因素。

“懒老婆”有一套自己的“懒人哲学”和智慧。

“懒老婆”干活很少按时间和既定的程序，有兴趣就做一点，不耐烦了就先放一边。比如，下班回家后，“懒老婆”不像有的主妇那样，来不及喘气就钻进厨房，而是先换上宽松舒适的家居服，洗脸卸妆，而后坐在沙发上，美美地小憩一会儿，调整一天纷乱的思维，也给疲惫的身体放个小假。等丈夫回到家，迎接他的永远是一张干净清爽的笑脸，而丈夫白天积累的不快和烦躁，也会在这进门的瞬间烟消云散。

“懒老婆”懒得逛街，从不逛商场，大到家具家电、电子数码产品，小到生活日用品、化妆品，都是网上搜罗来的。勤俭持家过日子，不但省钱，还省时省力，“懒”得有理有据。

“懒老婆”偶尔还会动员丈夫跟她一起懒。比如，吃完饭不急着收拾厨房，而是先把碗筷泡在洗碗池里，倒上洗洁精，然后泡上一杯红茶，放上一段音乐，在茶香袅袅中享受片刻温情，或是懒懒地看一会儿电视。等到插播广告的时候，再到厨房打扫战场。

有些妻子还懒得很狡猾，对丈夫实行“权力下放”，让丈夫分担家务。早上出门时，她们会给丈夫送上一个香吻，顺便让丈夫把垃圾袋拎到楼下。做饭时，她们也会要求丈夫露一手，因为“你做的菜很好吃”，“我很喜欢吃你做的菜”。得到如此赞誉，丈夫自然会乖乖臣服。久而久之，勤快丈夫就培养出来了。

M（Memory）回忆

给甜美婚姻写个回忆录

回忆甜蜜的往事，有利于夫妻双方更好地展望未来。

留下婚姻回忆录

在沈阳，有一位八十多岁的荀大爷，他和老伴从20世纪70年代末就开始写东西，累计写了100多万字的文稿。一个偶然的机会，此书得以出版，书的名字叫《峥嵘岁月晚晴录》。

书中记录了这对老夫妻风风雨雨60多年的故事，有吵架拌嘴的琐事，也有点滴生活感受。特别引人注目的是，两人还在书中大方地“秀恩爱”。

书中有一篇名为《夫妻拌嘴歌》的文章，文章写道：“老两口的事，谁来给评理。邻居看笑话，儿女不参与。咱俩演小品，观众是自己。安度晚年生活好，何苦没事磨嘴皮。人生短暂一场梦，老年不该斗闲气。”当他把这篇文章写完后念给老伴儿听，俩人不约而同地冲着对方哈哈大笑起来，重新拥抱在一起，重新拾回了爱的感觉。

有一次，荀大爷凌晨四点半醒了，之后再也睡不着，就起来写了篇随笔，名字叫《我把老伴儿“丢了”》。“我梦见我和老伴儿去外地旅游，天快黑时，老伴儿一个人出去遛弯，到了半夜还没回来，给我急坏了！醒了之后，发现自己是在做梦，就真的哭了出来。我搂着老伴说，你可真吓着我了。”

荀大爷说，出书只是让大家和后代子孙们了解他和老伴真正的生活。

在大多数人眼中，写回忆录是名人干的事情。然而，随着物质生活的不断提升，很多普通百姓也开始注重记录自己的人生经历和内心感受。他们热衷于撰写回忆录，希望把自己几十年来的经历浓缩在文字上，希望自己留下的回忆录能成为传给子孙后代的家书。

将自己的生活历程用文字表达出来，并且流传下去，不失为一种好的精神寄托。随着近年回忆录写作热的出现，三种回忆录相伴而生。

第一种，口述回忆录。就是通过口头转述，将历史流传下来。与亲笔回忆录一样，口述回忆录也同样贴近社会，贴近生活，包含着原生态的历史。

如果有足够的时间可以动动笔，记录下婚姻生活中的点点滴滴，即使是鸡毛蒜皮的小事，也不要放过。这种记录无须拘泥于形式，最重要的是写下来。坚持写下去，日积月累，等你和爱人坐在摇椅上的时候，就能出一本回忆录了。如果觉得自己的文笔不好，实在拿不出手，也可以找专门代写回忆录的公司。

第二种，画册回忆录。以图画为主，并配上文字描述。这种回忆录是对自己或他人一生的总体记录，也是对一段重要岁月的精彩回顾。

画册回忆录做起来比较简单，利用手中的相机，把婚姻生活中的许多画面拍下来，搞怪的、快乐的、忧伤的、痛苦的……记住，不要放过任何一个在镜头前展示自己的机会。拍下的照片，可以自己动手用 Photoshop 软件美化一番，再配上简洁精炼的文字。编辑成册后，你会很有成就感。

也可以把这些照片存在自己的电脑里，或者发到网上论坛、个人空间、博客和微博里，同朋友们一起分享。等一年后、五年后或者十年后，再来看一看，回忆一下和爱人的生活片段，一定会受益匪浅。

第三种，视频回忆录。对家庭生活进行视频拍摄，之后可以请专业的影视编辑、剪辑人员，结合自己以前的照片、影像以及其他值得珍藏的资料，通过添加音乐、解说，制作成视频回忆录。

用 DV 纪录每一个纪念日、家庭聚会、外出旅游活动和孩子出生的过程……图像画面和声音并存的视频片段，承载着一段段过去的岁月，纪录着一次次难忘的经历。事后观看，能唤起你美好的回忆。

年华易逝，人生易老。把记忆化成可以留存的文字和图像回忆录，就能够珍藏那流逝的岁月。从现在开始，动手给你的婚姻留下回忆吧。

翻开尘封已久的情书

“20 年前，我们相知不多，我们跟着感觉走，你让我着迷地飞上了天……我们一起经历了那么多，现在我们回到了 20 年前开始的地方——

老了，也更有智慧了——我们的脸上、心上都有了皱纹。我们现在了解了很多生活的欢乐、痛苦、秘密和奇迹，我们依然在一起，我的双脚从未落回地面。”这一段文字出自乔布斯写给妻子的情书。

20世纪90年代，最脍炙人口的电影，是日本爱情文艺片《情书》。这部片子对过去的追忆和有关生死的描述，都极具东方气质，含蓄优美，哀而不伤地表达了影片的主题——珍惜有限的生命和宝贵的爱情。看到博子站在皑皑白雪中对着深山大声呼唤，看到藤井树盯着书卡背后的画像感动落泪，追忆似水年华，此刻，有关生命和爱情的一切争论，都变得没有意义。

结婚两年，小溪和丈夫的矛盾日渐凸显出来，曾经的温馨浪漫，逐渐被家务琐事和争吵代替。

小溪觉得丈夫不讲卫生，丈夫认为小溪唠叨。就这样，两人三天一小吵，五天一大吵，家里常常弥漫着火药味。其实俩人心里都很清楚，在伤害着对方的同时，仍深深地爱着对方，只是谁也不知道，该如何扭转这种局面。

一个周六的下午，小溪拉着丈夫一起整理房间，在一个抽屉里，突然发现了一大袋书信。翻出来一看，竟然是当初谈恋爱时往来的情书。

自从结婚后，这些信搁在抽屉里，被遗忘了。小溪随手拿起一封，丈夫也凑了过来。每打开一封信，就像打开了一段尘封的往事，往日的体贴温情，往日的温馨呵护，一下子都涌上了心头。如今，那早已忘却的记忆，又随着打开的情书重现在眼前。

小溪一边看信一边抹眼泪，一会儿笑一会儿哭。看过信后，她一个人把整个屋子的卫生全部打扫完了，没有一句怨言，往日的柔情好像又开始在她的眼里闪现。

那时，小溪还在上大学，丈夫已经参加工作。因为分隔两地，只能靠写信联络感情。相恋三年，他们互相写了500多封信。他们把来往信件小心保存起来，想念对方时，就把情书拿出来细细品读一番。

后来丈夫把所有的情书都找出来，按照时间顺序装订成册。还在封面上写了一个名字：“相爱的纪念册”。封面下面写了一句话：品初恋情怀，享温馨家庭。

当丈夫把那本“相爱的纪念册”郑重地交给小溪时，俩人眼中只剩下柔情蜜意。

一封亲手写下的情书，纸上印着当年的笔迹，其中的感情是无法代替的。如今步入电子时代，纸质情书逐渐消失，取而代之的是短信、电子邮件、聊天工具和微博。情书不管以哪种形式存在，只要内容真诚，真真切切地表达自己的情感，对方都能体会得到。

也许是受微博的影响，“微情书”开始在年轻情侣中流行，虽然微情书内容简短，但并不影响恋人表达自己的浪漫情怀，因此深受网友的欢迎。

在“快乐微情书，大声说爱你”的微博活动中，公开的微情书有异地恋人对彼此思念的倾诉，也有老夫老妻淡定幽默的生活情趣，有热恋小情侣的真情流露。

爱情可以很简单，微情书不仅是诗意歌颂的爱情，更是浪漫的小宇宙，给现代婚姻和爱情带来最滋润的甘露。

记住爱情纪念日

你们结婚多少年了？你还记得是哪一天结婚的吗？结婚纪念日是考验夫妻忠诚度的常用借口，是升级爱情资源的优化配置，是婚后女人难以抹掉的心结。结婚以后，日子渐渐平淡，或许你已经被忙碌琐碎的生活所淹没，抽不出时间，也不愿意花心思继续和爱人谈情说爱。可是，那些曾经的纪念日对婚姻真的就不重要了吗？

一项调查显示，65%的人一年中会度过两个以上的爱情纪念日，15%的人有五个以上的爱情纪念日。相识纪念日、恋爱纪念日、订婚纪念日、结婚纪念日等，都是夫妻双方爱情史上的重要日子。采取适当形式给以纪念，会使双方都感到对方对自己怀有很深的爱意，有利于巩固夫妻感情。

辛馨和丈夫结婚三年来，一直坚持庆祝结婚纪念日。通过庆祝活动，爱情在回忆中得到升华，婚姻生活也越来越甜蜜。

第一个结婚纪念日。那时刚参加工作不久，生活很拮据。纪念日当天正好是个周末，丈夫提议旧地重游。于是，两人跑到办婚礼的酒店，吃了一顿饭，就算是纪念结婚了。虽然丈夫当时没有送给她什么礼物，但是辛馨内心觉得无比幸福。

第二个结婚纪念日。不会做饭的丈夫突然宣布晚上给妻子做海鲜大餐。辛馨很高兴，下班后去花店买了一束花。吃完饭，辛馨指着桌上放着的那束花，对丈夫说："两枝白玫瑰代表我们结婚两周年，一枝百合代表我们百年好合。我希望我们的玫瑰能逐年增加。"丈夫很是感动，给了她深情一吻。

第三个结婚纪念日。两人经受住了婚后磨合期的考验，感情稳定，收入也有所增加。丈夫知道她喜欢唱KTV，竟然请了一天的假，陪她去唱歌。唱完歌，他们去了恋爱时常去的一家饭店，坐在那年情人节曾坐过的包厢里，小两口感慨一番，又过了一个既简单却有意义的结婚纪念日。

辛馨认为，庆祝结婚纪念日，不需要花费太多的金钱，也不需要太多的甜言蜜语，给婚姻添点小小的情趣，平淡的婚姻就会在幸福中向前迈步。

结婚纪念日是一个很重要的日子，是婚前的情人节在婚后的延续。这一天，夫妻成为了共同生活的一家人。结婚那一天有许多暖暖温情，但我们再也无法去还原它，不过那时候一些细节上的感动，也会让夫妻俩在以后的日子里不断回味，重拾甜蜜。比如，相识的那一天，牵手的那一刻，第一次亲吻时的心跳。结婚纪念日不仅是婚姻的生日，也是婚姻关系的保鲜日。

婚后的纪念日不像婚前的纪念日，一定需要鲜花、美酒和礼物。只要一句发自肺腑的"谢谢你"、"我爱你"，或是为爱人做一些力所能及的事，就是最好的庆祝方式。

重视结婚纪念日，是修复婚姻裂痕、挽救家庭关系的一种有效手段。当然，在中国，除了结婚纪念日，双方生日的重要性也超过了情人节，成为中国夫妻"谈情说爱"的好时机。

每一个纪念日，你既可以花点心思，别出心裁地度过，也可以简单朴素地度过。选择什么样的纪念方式不重要，重要的是让对方知道彼此的心意，这样可以增进夫妻情感，让双方更加珍惜来之不易的婚姻。

N（Nature）个性
保留自己独特的魅力

独特个性是一个人的旗帜。如果一味地与对方求同，那么表面上风平浪静了，其实你们的婚姻正丧失活力和凝聚力。

个性太强是婚姻的障碍

国外学者曾经做过一个择偶标准调查，调查发现，许多女孩子在择偶时，都把个性放在首位。个性在某种程度上决定了一个人的一生，良好的个性可以使他成为杰出的人才，称职的父母，最佳的伴侣。

美国艾奥瓦大学的一项研究表明，个性趋同要比价值观念相近更为重要。这项研究发现，已婚夫妇通常都具有相同的信仰或价值观，而最容易感到幸福的，则是那些个性相似的夫妇。

夫妻间的许多矛盾，无论谁对谁错，往往都是双方的性格差异引发的。那么，性格是怎样发展成熟的呢？性格的形成受哪些因素的影响呢？人的性格是否会不断变化呢？从心理学来讲，性格的发展、形成及变化，与人的遗传、环境等因素有着密切的关系。遗传因素是性格形成的最重要原因，而环境是性格形成发展的一个决定性因素，对一个人后天性格的改变和重塑起到关键的作用。环境对人性格的影响，主要是通过家庭、学校、社会活动圈以及工作实践来产生效果的。

性格的成熟是相对的。由于人所处的环境变化不定，因此性格也会随之发生变化。但是除非受到较大刺激（比如失恋、突发意外、重大失败或挫折等），一个人的性格一旦形成，也就基本定型了。

有的人已经形成了某种不良的性格特征，例如懒惰、孤僻、自卑、胆小，想下决心进行“改型”，也不是没有可能。人的性格虽有一定的稳定性，但同时也具有可塑性，只要自己下决心去改，一定会有明显的效果。要坚信懒汉可以成为勤奋者，悲观失望的人也可以成为积极向上的人。

人的性格的形成，还受到文化水平和道德素质的影响。有文化有道德的人，就有理智感，就能以正确的态度对待现实生活，这就有助于形成良好的性格。

过于强势的个性是婚姻的阻碍，可能直接导致婚姻失败，但是也绝对不能为了婚姻而失去自己的个性，失去个性就等于失去自我。如何协调双方个性，使婚姻达到幸福完满呢？最佳的解决办法是求大同存小异。

幸福婚姻没有统一的标准和固定的模式，如果两个人个性都很强，互不相让，就不可能做出让步，矛盾也很难化解。要想获得真正的幸福，关键是找到一种关系的平衡点。在保持个性的基础上，找到一个平衡点，用心经营，才会使婚姻幸福。具体来说，以下都是可行的办法。

第一，制定一些规则。夫妻双方发生矛盾并有不断升级的倾向时，及时坐下来制定一些规则。例如不能说伤害对方自尊的话，不能搞人身攻击，对事不对人，不能当着孩子的面争吵，更不能当着孩子的面说脏话。制定此类规则，当出现争吵时，就要相互提醒，以回归理性状态，减少双方失控的可能。对有些夫妻，这些规则不一定每次都有用，但最起码可以起到警示作用，坚持下去，效果还是不错的。

第二，一方主动示弱。我们都知道，一个巴掌拍不响，当矛盾处于爆发的临界阶段，夫妻双方只要有一方暂时忍耐下来或是主动示弱，战争也就停止了。个性都强的夫妻能够在一起生活一辈子，就必须形成一方主动示弱的习惯。另外，发生矛盾时要避开孩子和父母。孩子或是父母在场，可能会升级夫妻矛盾，也可能会伤及孩子和父母，不但会给孩子心理留下阴影，也可能直接影响到父母的身心健康。

第三，规避一些敏感字眼。双方个性都强的夫妻，如果一方哪壶不开提哪壶，就一定会爆发矛盾。例如，丈夫刚在古玩市场上因为看走眼买到假货，你一开口就说对方最大的能耐就是买“赝品”，这极有可能让丈夫气不打一处来。即使你认为这只不过是开个玩笑，不值得发脾气，可他却窝了一肚子火，若双方再说下去，肯定就是相互指责对方了。明白对方的心理，理解对方的情绪，尽量避开一些敏感的字眼，便可以避免一些不必要的争吵。

第四，不要伤害对方的自尊。夫妻双方自尊心都强，就要避免抬高自己，轻视对方。自尊心都强的夫妻，往往会过于自信、敏感，吵起架来，极有可能说话做事走极端。这时要给自己留条后路，不要动粗，不搞人身攻击，不伤害对方的自尊。

第五，平时注意多沟通交流。其实个性太强，并不一定就感情不和，要明白，婚姻的稳定需要双方的妥协。如果不进行控制和调节，就会伤害到感情，让婚姻亮起红灯。平时夫妻要抓住一些机会多交流，多沟通，互相倾诉自己内心的想法，适当表达一下情感，让对方理解自己，这是保持情感平衡的一种极佳策略。

不要随意要个性

很多人喜欢浑身上下长满刺的仙人球，但被那些刺儿扎几回，就会因害怕而放手，从此知道仙人球随意碰不得。个性就如同这仙人球，会伤人。长辈们曾经教导过，做人要讲究面面俱到，外圆内方。也就是说，原则和个性只应留在自己心里，与人打交道时，还是随和一些，宽厚一些为好。婚姻中也该如此，收敛起自己的个性，宽容对方的缺点，并非丧失原则，更不是放弃尊严。

年轻男女在谈恋爱时，都会不自觉地以对方为中心，能够很好地约束自己的个性，对于对方所提的要求，都会尽最大努力地实现并予以积极配合。有的人甚至表现得很没有个性，绝对服从对方，对对方言听计从，毫无自己的思想和个性。正因为这样，两人才最终走到一起，踏进婚姻的殿堂。然而随着长时间的朝夕相处，一直被压抑的个性就会渐渐暴露，这就成为了矛盾的导火索。

齐柏青和蓝晓娜都是独生子女，婚前过着“衣来伸手，饭来张口”的日子。结婚后，由于两人都不会做饭，每天不是在双方父母家蹭饭，就是在外面吃。丈夫一下班就打游戏，不做饭也不洗衣服，更不用说擦地了，连拖布横在那里也装作看不见。妻子则认为家务本应该是女人干的活儿，可是自己天天忙工作挣钱，已经很累了，哪里还有精力做家务。

一年后，他们的儿子出生了。双方父母都很高兴，轮流过来照顾他们的饮食起居，婚姻中的矛盾暂时得到缓和。可是好景不长，等到孩子一岁的时候，俩人都不愿意照顾孩子，觉得孩子太闹腾，于是就把孩子往父母家一放，重新过起了二人世界。

从此以后，家里乱七八糟，衣服堆成山，泡方便面的碗摞了一个又一个……有一天，夫妻俩为谁洗碗的小事各执一词，吵得面红耳赤，谁也不让谁。最后发展为赌气、对骂、撕扯，甚至大打出手，闹着要离婚。

齐柏青和蓝晓娜两个人都很有个性，都有自己的想法和主张。也许正是这种张扬倔强的个性，使双方的矛盾很难调和，更使得两人之间的隔阂越来越深，导致最后分道扬镳。

有些年轻人把婚姻看成是很随便的事情，认为两个人的结合就像参加朋友聚会，想在一起时就就跑去登记结婚，一旦吵架闹别扭，甚至只是为了一丁点儿芝麻绿豆的小事，就负气闹上法庭离婚。

现代年轻人的婚姻状况非常不稳定，有些人的婚姻就像是易碎的玻璃。一部分年轻人认为婚姻是很随便的一件事情，对待婚姻的态度不够严谨。结婚以后，仍然把小家庭当成展示自己个性的地方，有因抢电脑大打出手导致离婚的，也有因作息习惯不同引发矛盾闹离婚的，甚至有为谁照顾孩子的事情而闹离婚的。在婚姻生活中缺乏忍耐、宽容和责任感，一旦导火索被点燃的时候，矛盾和斗争就会一发不可收拾，最后演变成离婚。

你是不是总想把自己的想法强加于他人身上？你是不是很难忍受对方的个性差异？你是不是太强调自己的个性了？对于感情不太和谐，或者正处于婚姻危机中的夫妻来说，不妨好好反思自己在婚姻中扮演的角色。

如果有以上任意一项，就说明你的个性已经成为和谐婚姻的障碍。许多婚姻出现问题的夫妻，总是羡慕别人婚姻幸福美满。其实他们并不知道幸福婚姻的标准，就体现为夫妻对爱情的尊重，体现为相互谦让和求同存异，体现为强调共性收敛个性。当你意识到这一点，首先应该做的就是收敛你的个性，而不是一味埋怨对方与你性格不合，或者双方无法找到性格融合的共同点。如果一意孤行，坚持己见，就会走入个性盲区，最后婚姻可能会以悲剧收场。

传统观念中，婚姻讲究夫唱妇随，夫贵妻荣。其实婚姻是情爱集中释放的地方，而不是随意展现自己独特个性的地方。如果在婚姻中过分强调自己的个性，就容易引发感情危机，最终导致婚姻破裂。只有磨平了个性棱角的人，才懂得与爱人和睦相处的可贵，只有相互尊重并且求同存异，才会有幸福和谐的婚姻。

求大同，存小异

暖暖和丈夫是典型的孔雀女和凤凰男组合。两人的结合虽然很不符合门当户对的婚姻传统，但是暖暖的父母没有执意反对，加上丈夫是一个努力上进的人，所以两人很幸福地结合在一起了。结婚后，暖暖才发现城乡差距在他们婚姻中制造出的障碍。

结婚后，暖暖觉得自己的家变成了婆婆家的驻京办事处，八竿子打不到一起的农村亲戚，有事没事都会找上门来，丈夫还笑呵呵地送走一批又迎来一批。对此暖暖非常不理解，很多无法逾越的城乡鸿沟，以及由此引发的一次次争吵，令他们疲惫不堪。

原本相亲相爱的夫妻俩，常常为了各自家庭不同的生活方式、价值观、处事原则等发生争执。如何解决这类问题呢？关键是要本着求同存异的原则，扫清内心障碍。

再深的感情，在门不当户不对带来的矛盾中，也会被磨没了。在这种门户不对的婚姻开始前，夫妻俩就要有求同存异的思想准备，有了这种思想准备，摩擦就会少很多。

就像电视剧《金婚》中演绎的故事一样，一开始文丽总是以小资产阶级的情调对待佟志，她的洁癖甚至到了让人忍无可忍的地步，但佟志却能够容忍。最终小两口变成了老两口，迎来了阳光灿烂的金婚岁月。

美国心理学家弗鲁姆说：成熟的爱是保全个体个性和整体性的结合，相爱双方融合为一体，但仍为二体。意思就是说：夫妻之间在没有比较大的矛盾冲突的前提下，要有求同存异的态度。婚后，个性不同的两个人生活在一起，生活习惯、脾气性格、个人爱好一定会有所不同，假如过于挑剔，非得把对方改变得符合自己的标准，很可能令对方产生不满和反感。

如今的“闪婚闪离”，都属于好景不长的婚姻。大部分人把分手的理由，归结为无法接受为了对方失去自由、失去自我。两人结婚后，在尊重各自习惯的同时，还可以保留各自隐私的一面。女人不要总觉得你的生活就应该以家庭或丈夫孩子为中心，做自己说不定会更好。求同存异是彼此之间和谐相处的基本原则。

婚姻中的两个人，都有自己的性格、思维模式、处事方式和价值观念。这些东西即使算不上与生俱来，也应该称得上是根深蒂固。有的丈夫生性爱动，在外闯荡多年，在家总也待不住。而妻子生性爱静，社交面窄，希望丈夫可以终日在家陪着她。每次丈夫兴尽归来，妻子就一脸不高兴，有时还使点小性子，丈夫如果受不了，就可能引起争吵。

夫妻之间的爱情能量是巨大的，这种能量会驱使我们去包容我们所爱的人。同时，这种能量也会驱使我们调整自己，去适应自己所爱的人。改变爱人和强迫爱人都不是爱，谁也没有能力把自己定义成正确的标准。面对差异，我们只有调整自己。任何强加给别人的调整甚至改造，都是徒劳的，也都会事与愿违。

要想经营好自己的婚姻，就要做一个善解人意的妻子或丈夫，就应该尊重对方的个性。我们唯一能做的，就是接受并包容。为了大同，接受小异，这样做是值得的。

当然，求同存异不代表丧失原则。婚姻绝不是简单的“一起过日子”，还包含着许多更深层次的心理契合，比如支持、信任、爱与包容。这些高层次的情感，源自夫妻双方对彼此的赞成和欣赏，在婚姻中，两个人要通合作与共同的行动，不断加深默契。

婚姻生活中，面对差异时，不耐烦、惶恐或是退缩，都是正常现象，要想很好地解决差异，合作和妥协是必不可少的。面对差异和分歧，需要的是提出合理化的建议，而不是相互指责或者命令。

O（Optimistic）乐观

积极看待婚姻的未来

乐观的人更容易体会到婚姻的幸福。在这个压力无处不在的时代，给婚姻一些正能量吧！

秒杀一切消极和悲观

有研究发现，如果夫妻间经常互相鄙视、轻蔑对方，会在无意中伤害到你的爱人，更糟的是会导致严重的家庭冲突。这种消极的态度使夫妇之间的沟通越来越不正常，这也是婚姻关系走向恶化的第一步。随着不良事态的升级，婚姻就可能逐步走向解体。

如果将婚姻中出现的一些矛盾都当作问题和负担，就必然会陷入恐慌，甚至产生绝望的感觉。悲观导致痛苦的生活，乐观开启幸福与信任，你准备选择什么呢？

曹甄妮和丈夫已经冷战好几天了。因为丈夫把家里仅有的积蓄拿出来接济一位远方亲戚，事先却没有跟她商量，导致两人发生激烈的争吵，并且矛盾一再升级。

曹甄妮家所在的那条胡同有一对夫妻，丈夫是一个孤儿，从小靠捡破烂为生，妻子是个精神病人，平时不发病的时候看着挺正常，可发起病来却很奇怪，会一个劲儿往外跑。

有一天下班回家，她看到那个丈夫在街上往回拉自己的妻子，妻子用力往外挣，丈夫用力往里拉。他俩没有任何争吵，妻子的脸上呈现出精神病人常有的疯癫表情，而丈夫的脸上没有任何无奈和烦躁，神情非常坦然。

这对夫妻在街上来回拉扯着，两个人都在用力，路边的人一如往常地大笑。看到这里，曹甄妮的眼泪落了下来。这对连一件像样的衣服都没有，连吃一顿饱饭都成问题的夫妻，虽然只有一个人是清醒的，却懂得守住夫妻之道，不离不弃地一路走来，自己作为生活无忧、神志健全的人，为什么反而做不到呢？

回到家后，她很冷静地主动和丈夫沟通，之后两人都承认自己有做得不对的地方，矛盾自然得以化解。

婚姻生活中，夫妻之间难免会有各种矛盾。如何理性妥善地处理好这些矛盾，是一门很深的学问，但总的来说，要以解决问题为主要原则，以乐观的心态去对待生活中的矛盾。不妨试试以下方法，在生活中多一些积极，少一些消极。

首先，偶尔装装糊涂，学会遗忘一些不快乐的事情。婚姻生活需要两个人努力经营，生活中难免会有磕磕碰碰，女人也难免会受委屈。在婚姻的道路上，幸福的女人会收藏一路走来的笑声，哀怨的女人则用余下岁月来承载以往的泪水。有人微笑着感恩，有人呻吟着抱怨。并非命运如此，只是态度不同而已。

庄子说："子非鱼，安知鱼之乐？"有资料显示，鱼的记忆只有7秒，7秒之后，它就不记得以前发生的事情了，也许鱼之乐的秘密就在于遗忘。婚姻就像那小小的鱼缸，如果你选择和另一个人相伴到老，不妨学学鱼儿的遗忘精神。

其次，回忆往昔一起相处的美好时光。夫妻两人一起回顾以往的愉快经历，不管是共同的经历，还是各自的经历。回忆和分享美好的记忆，不但可以制造夫妻愉快共处的机会，增加夫妻交流，还可以获得对一些幸福细节的认同和共识，为今后夫妻愉快地共处提供可能。最重要的是，回忆还可以使你将精力集中于积极的方面，快速摆脱痛苦记忆的纠缠。

最后，静下心来沟通，或寻找适当的机会倾诉。不愉快的情绪和消极的态度最好能适当地释放出来。如果打算对爱人倾诉，要找对时机。倾诉的最好对象，应该是你亲密的朋友。朋友善解人意的规劝或分析，最有可能打消你的消极想法。

如果可以忘掉消极、不愉快的记忆，强化那些美好、积极的记忆，婚姻生活就会变得积极、乐观和美好。

给婚姻一些正能量

什么是“正能量”呢？

英国心理学家理查德·怀斯曼对“正能量”一词的定义是：一切予人向上和希望，促使人不断追求，让生活变得圆满幸福的动力和感情。如今，正能量成为社会上的一个热词。不管你从事什么职业，处于哪个年龄段，如果在生活不顺的时候能够为自己增加一点正能量，前进的道路上必定会平添许多动力。正如社会和个人都需要正能量一样，婚姻生活也需要正能量。

词坛泰斗乔羽先生和夫人在金婚庆典上对“金婚”的诠释非常经典：“金婚也没有你们想得那么难，我觉得最重要是有两点：第一，你要活到一个岁数，活不到岁数，那就凑不齐五十年；第二，你不能中途换人，要换了个人，那就得从头算起，也就很难金婚了。”

在乔羽先生口中，“金婚”竟是如此自然的事情。“愿得一心人，白首不相离”，说的就是要顺其自然。电视剧《北京青年》的热播，也正是缘于充满现实主义的正能量色彩和趋向，得到了多数观众的认可。

当然，有正能量就有负能量。每一年街头巷尾热议的娱乐圈明星离婚的话题，都会成为网络热门话题，这些事件，使得很多人不敢相信爱情，不敢信任婚姻，这就是一种负能量。

当真爱和离婚狭路相逢，你务必要坚定地站在爱情这边，拿出十二分的勇气，相信每一个人都有望携手一个“金婚”伴侣。要想信正能量终将战胜负能量。

我们每个人身上都有正负两种能量，我们需要做的是，找回自己的正能量，同时接纳、运用和传播更多的正能量。当负能量找上门来的时候，我们要学会拒绝接受或者积极转化这些负能量。感恩、信任、豁达、洒脱、上进……这些都是正能量，而抱怨、猜疑、妒忌、虚荣、沮丧……这些都是负能量。夫妻之间都会不经意地释放负能量，这会导致夫妻双方幸福感削弱。

正负两种能量，可以说是此消彼长的关系，如果你不去积极获得正能量，那么负能量必然充斥在你的生活中。

正能量是一座灯塔，可以向外放射积极和乐观光芒。拥有正能量的婚姻，是健康的、值得信赖的婚姻，夫妻之间的相处也会使你感到安全和轻松。拥有正能量的婚姻，无形中会让你对生活的态度变得更乐观，对爱人更信任。婚姻本来就悲喜交加，所以必须学会坦然面对，正能量则是让你坦然面对的内心力量。

婚姻需要正能量，这并不意味着我们可以对婚姻生活中存在的问题视而不见，麻木不仁，而是意味着要用积极乐观的态度去对待，去解决。如果你想让婚姻变得更幸福，更美满，不妨从现在开始，多积蓄点正能量，多释放点正能量，尽情地感受正能量带给你的快乐。相信自己，你的婚姻会变得越来越幸福。

许多夫妻虽然生活平淡，虽不会经常争吵，但是或多或少也有一些小摩擦，以至于没办法找到幸福感。这正是因为没有正视婚姻中的正负能量。那么，如何让婚姻充满正能量，如何才能获得更多的正能量呢？

第一，强化你的意念，增强气场。科学研究发现，人体和大自然一样，都拥有自己的磁场，而且人与人之间的磁场会不断地相互影响。生活中，一个和谐的环境，会不断强化人体生物磁场，从而增强脏腑功能。

一个人的意念越专一，磁场就越强大，这也就是所谓的正能量。我们有时候接触一个人，能感觉到他们身上的那种气势，也就是所谓的气场。为什么气场强大的人做事容易成功？这是因为他做事果断，意念专一。强化意念，增加正能量，就要扼制不合理的欲望，保持平和的心态。少一些对物质和利益的追求，不与人盲目攀比。只要意念正，就容易获得成功，朝秦暮楚的人做事向来很难成功。

第二，与拥有正能量的人交朋友。态度乐观、积极向上的人充满热情、希望与信念，这样的人身上有一种正能量磁场。拥有正能量的人不需要自夸或借用他人的名气，也不需要炫耀金钱、资历、头衔，或凭借过去的成就来增加自己的分量。和这样的人交朋友，能将正能量传递给你，让你被那种积极向上的精神感染，让你觉得生命很美好，生活很舒服，很有意义。

我们周围有很多这样的人，他们身上会散发出一种很强的正能量：优秀的口才，积极的生活态度，永不言败的意志。不管在任何地方，他们都能成为大家关注的焦点。交几个这样的知心朋友，真诚地与他们沟通，吸取他们身上的正能量，对你的婚姻也会有很大的帮助。而悲观、绝望的人正好相反。

第三，正确客观地看待婚姻。当你身陷困惑、纠结等负能量之中时，应当想办法解脱或改变。面对来自外界的批评和质疑，不要有过激反应。你能做的，只有端正自己的态度，选择宽恕和遗忘。

对于自己的婚姻，也应该抱持积极乐观的态度。如果总是用悲观的态度去看待婚姻，就会认为自己做得不够好，这甚至会误导你再出差错，生活中也会少了很多乐趣。如果你抱持乐观的态度看待婚姻，未来的生活便会充满生机和希望。

第四、与人为善，处理好人际关系。善待他人，要做到多一点谅解和宽容，少一点苛求与指责；多一份爱心，少一点冷漠；多一些欣赏，少一点鄙夷。尽量发现他人身上的优点，并学会欣赏和赞美他人。

处理好人际关系，关键在于意识到他人的存在，理解他人的感受，这样既能满足自己，又能尊重别人。空闲的时候给朋友打个电话，发个短信，写个邮件，哪怕只是只言片语，也会将彼此关系拉得更近。

乐观看待未来的一切

你是不是经常想起家庭中不愉快的事情，并且一直对这些事情耿耿于怀，从而忽略了生活中的快乐呢？你会不会经常觉得自己是个苦命的女人，没有找到一个充满柔情的好男人，没有得到一个像父兄那样宽容你所有的缺点的男人？

与其不停地抱怨，不如换个角度思考一下，不愉快的事情是不是比高兴的事少，对方的优点是不是多于缺点，对方的关爱是否都在你的心里。

有时候，换个角度看问题，卸下心理负担，勇敢走出来，乐观看待婚姻，心情就会轻松许多。

有这样一个小故事：一个男人在自家院子里种了一棵树，取名为“忘忧树”。每天下班进屋前，他都会在树上摸一下，把工作中的不愉快都挂到树上，然后满脸笑容地面对屋里的妻儿。

这样的家庭无疑充满了快乐，这样的婚姻无疑是幸福的。可是生活中有多少人能做到？婚姻中有太多的琐事，夫妻之间有太多的矛盾，爱情也不可能永久保鲜。面对这种情况，我想说的是：与其在生活中哀叹，不如在乐观中改变。

首先，要改变姿势，抬头挺胸，表现出自己的朝气。

当情绪低落的时候，我们往往无精打采，垂头丧气。心情极度兴奋时，自然是抬头挺胸，昂首阔步。当一个人抬头挺胸的时候，呼吸会比较顺畅，而深呼吸是调节压力的妙方。抬头挺胸时，我们无形中就会觉得压力减少了，当然也就容易产生乐观的态度。这个简单得令人不可思议的方法，请千万别小看它。当悲观的念头再次冒出来时，请赶快调整一下姿势，抬头挺胸，深呼吸，这样你就能进入乐观的心境。

其次，改变说话的语调，表达出你的好心情。

和爱人沟通，重点不在于我们说了什么，而在于我们怎么说，其中包括说话的语调、面部表情和肢体动作等。经常被人忽略的是，我们的声音其实也是有表情的。

同样的一句话，用不同的语调来说，传达的意义可能会完全不同。许多女人往往不注意自己说话的语调，常常不经思考就把一句带有情绪的话说了出来。如果想表现出你的乐观，不妨试试用柔和愉快的声音说话。

再次，改变你的负面口头禅，感受自己积极的一面。

说话需要细心琢磨，只要改变你的负面口头禅，换成正面积极的字眼，就会暗示自己会越变越好，你也会立刻感到幸福，并且变得乐观起来。

平常我们所说的话，其实对自己的情绪影响很大。如果你常使用这些负面字眼，例如“失败”、“困难”、“麻烦”等，恐慌和无助的感觉就会找上你。如果尝试使用一些正面字眼，例如把“有困难”换成“有挑战”，把“我担心”换成“我在乎”，把“有问题”换成“有机会”，感觉就会大不一样。一旦使用正面字眼，心态就会变得积极起来，也就更有信心去面对生活。

最后，对于婚姻中出现的烦恼，不要抱怨，要直视困难和问题。

研究发现，乐观主义者花在抱怨上的时间远远少于其他人。乐观的人在面对挫折和烦恼的时候，不会浪费时间去抱怨，更不会怨天尤人。

培养乐观情绪一点也不难，从现在开始，你要把注意力放在如何解决问题上。日常生活中，你要经常思考“现在怎么做会更好”？而不是“怎么会成这样”？面对不如意时，只要改变一下注意的焦点，你就会发现，自己的抗打击能力其实并不弱，自己能很轻松地从逆境中走出来。

不管有多难，牵手走下去

中国有句老话：夫妻一条心，黄土变成金。结婚与恋爱不同，结婚意味着责任，意味着一辈子都要相互扶持。“你若不离不弃，我必生死相依”，这是对婚姻最大的承诺。

夫妻齐心协力，同甘共苦，是人类最珍贵的美德之一。当家庭遭遇意外灾难时，两人携手共同面对困难，这会让婚姻更加牢靠。当其中一人身患重病时，夫妻两人不是把疾病当作一方的事，而是把病魔当成双方共同的敌人去对付，那么彼此的这份感情就会得到升华。

一个在五金工厂打工的女孩儿小香，嫁给了做搬运工的小伙子小倪。他们的家庭条件都不太好，当时为给小倪弟弟治病，家里已经负债数万元。然而乐观勤劳的夫妻俩相信，只要努力，就一定能让家人过上好日子。

婚后几年，他们度过了一个艰难的时期。他们的第一个孩子一出生，就因为营养不良夭折，小倪身患重病的弟弟最终也因医治无效撒手而去。在沉重的生活压力和极度的伤痛之下，小倪的视力开始模糊不清。

为了还清所欠的10万元债务，小倪依旧没日没夜地干活，没舍得去医院检查一下视力。小倪经常鼓励自己和妻子：“困难一定会过去！”可小倪最终还是失明了。

面对种种不幸，柔弱的小香无怨无悔地站出来支撑起整个家。当保姆，看大门，做临时工……小香什么都干过。太累的时候，小香也曾想过放弃，但丈夫的鼓励让她一次次振作起来。丈夫总是对她说，每天笑一笑，苦难自然就会过去。有时没钱买菜，一家人便窝头就着盐巴将就一顿。不管再苦再难，夫妻俩一直没拌过一次嘴。按亲戚的话说，就算没饭吃，两人在一块靠着也是幸福的。

然而，祸不单行。不久，小香也罹患了乳腺癌。闻知妻子患病，小倪几近哭昏过去。他用最快的时间筹集了一千多元路费，带着女儿赶到妻子打工的城市。看着丈夫焦急的样子，小香笑着安慰他，一再说自己不会有事的。

在丈夫的陪同下，小香去医院做了检查。经过检查，确诊小香的病情属于乳腺癌早期，按照以往的治疗经验，她的病情完全可以治愈。不过5万元的手术费，对夫妻俩来说无异是天文数字。夫妻俩的事被媒体报道了出来，通过社会上好心人的捐助，小香顺利渡过了难关。

有人对他们的经历非常好奇，生活如此艰难，命运如此坎坷，他们是怎么一路坚持下来的？面对这个问题，小倪拉着妻子说，“听到她的声音，我这心就安稳了。”小香也说，有丈夫的爱和支持，什么苦难他们都能挺过去。

家庭贫困、孩子离世、丈夫失明、身患重病……这其中任何一件不幸，都足以让人崩溃。当这些不幸发生在同一个家庭时，换作是你，你是否会选择放弃？

俗话说：“十年修得同船渡，百年修得共枕眠。”在茫茫人海中，有一个人能与你相依相伴，这就是缘分。缘分用婚姻的方式把两个人“融合”成一个家庭，既然是一个家庭，两个人就应该朝着相同的目标和方向携手并进，相儒以沫地走完一生。

婚姻中，有一种感动叫做“相亲相爱”。我们难保自己的婚姻一帆风顺，当家庭遭遇困难时，就应该彼此携手，一起走下去。

首先，在面对困难时，要彼此鼓励。一方遭遇了挫折，千万不要埋怨。即使有担忧，也不要表现出来，否则只会影响对方的情绪。人在困难的时候，最需要的是理解和支持，尤其是来自亲人的支持，这是他们战胜困难最大的动力。

其次，要学会在困境中减压，再苦再难也要笑一笑。不要把事情看得过于严重，什么事都会有过去的一天。苦中作乐也是人生的一种境界。

第三，共同找出解决问题的办法。相互指责、争吵和埋怨无济于事，不如静下心来，客观地分析问题，从多角度去思考如何改变现状。

婚姻好比大海里的一条船，无论是风平浪静，还是波涛汹涌，都需要两人并肩携手，朝一个方向去努力。

P（Patience）忍耐
——一场思想意志的拉练

夫妻相伴偕老不容易，这需要二人不断地磨合适应。适度忍耐是解决婚姻中诸多矛盾的一剂良方。

6分钟，苦尽甘来

有这样一个故事。

一个女人跟丈夫闹离婚的时候，母亲给了她一盒茶叶，说明书上写道：1分钟，味道太糟糕；2分钟，又苦又涩；3分钟，忍耐一下，不要急于放弃；4分钟，我们理解你的感受；5分钟，现在会有一些清香；6分钟，苦尽甘来，你尽可以慢慢品尝！

之后，这个女人泡了一杯茶细细品味，的确每一分钟的味道都不同，每冲一遍味道也不尽相同。女人最终感悟到婚姻如茶，如果急躁，就体会不到幸福的沁香。

平常人的婚姻生活，平庸和苦涩下却含有甜蜜和温馨。只要你耐心一点，让自己心平气和，你会发现婚姻中出现的矛盾远没有想象中那么严重。

婚前的花前月下，卿卿我我，不能取代婚后的柴米油盐酱醋茶；婚前的浪漫幻想，不能取代婚后的平淡现实。个性、生长环境和生活习惯不同的两个人在一起生活，难免会有矛盾和冲突。婚前这一切都被爱情的甜蜜遮掩起来，婚后你便会发现，你的爱人不再是婚前的那个他，尤其是有了孩子之后，抚养孩子的劳累和辛苦，工作的压力以及各种烦恼，会慢慢消蚀掉婚姻的浪漫。女人变得现实而唠叨，男人变得沉默寡言。对于婚姻的变化，你可能会感到失望，认为他不再是你的理想伴侣。

两个人能结成夫妻，彼此相伴一生，不是一件容易的事情。不要对对方有过高的要求，对对方的缺点也要适度忍耐，最好自己也能做出一些改变。既然有缘结成夫妻，那么就不要轻言放弃。

《圣经》是这样解释爱的：爱是恒久忍耐，又有恩慈。爱是不嫉妒，爱是不自夸，不张狂，不做害羞的事，不求自己的益处，不轻易发怒，不计算人的恶，不喜欢不义，只喜欢真理；凡事包容，凡事相信，凡事盼望，凡事忍耐。爱是永不止息。

当你热恋时，能够忍耐对方的缺点；当你和爱人争吵时，能够忍耐他的坏脾气；当你面对生活中的琐事时，能够忍耐日子的平淡无味；当你遇到金钱、权力，能忍住诱惑……忍耐是对爱情的坚守，忍耐是对彼此的包容，忍耐是对爱人的信任，忍耐是对彼此的珍惜，忍耐更是对家庭的一份责任。

在犹太人中流传着这样一个故事。

年长的媒人给一位年轻人介绍了一个女孩儿。见面后，年轻人很生气地对媒人说："你干嘛拿我开玩笑？"

媒人说："我是认真的，你知道我不喜欢开玩笑。她有什么地方让你不满意？"

"不满意？她可是个哑巴！""你认为这是缺点吗？在我看来，这倒是优点。她是哑巴，所以你就听不到她骂你的话。"

"可她还是个瞎子。""对于女人来说，这是优点，你可以自由地做任何你想做的事情。"

"她还是个聋子呀！""这难道不好吗？你可以尽情地骂她，而她却听不见。"

"可她还是个瘸子呢！""这也是缺点吗？你可以去追求别的女人，而她不会总是跟在你后面。"

"她还是个驼背！"

"我真弄不懂你！"媒人生气地说到，"难道你就不能容忍她一个缺点吗？"

这则故事虽然荒谬，但是寓意深刻，它告诉我们婚姻中容易出现问题，让我们明白，婚姻双方应该相互宽容和忍耐。

真正的爱，会激励你成为一个有忍耐之心的人。忍耐这种美德，并不是生来就有的，而是要靠后天的培养。当你选择忍耐时，就会以积极的态度去面对消极的处境。如果你选择忍耐，收敛起急躁的脾气，就不会因为处境糟糕而焦躁不安，更不会轻易发怒。你要控制自己的情绪，而不是受情绪的控制。忍耐可以让事态变得清晰，可以阻止错误蔓延。夫妻双方应该把修炼忍耐力，作为经营婚姻的一种方式。

步入婚姻生活后，凡事不要只想自己，有时候有必要做出一些让步。设法改变不和谐的情况，经常创造一些两人独处的机会，在遇到麻烦时开个玩笑，学会处理家庭危机的技巧，婚姻就会变得更顺利。

多一分忍耐，少一分自私，多一分付出，少一分索取，这样，你就会获得幸福的婚姻。

忍受对方所谓的坏习惯

美国情景剧《老友记》中有这样一个情节。

罗斯和瑞秋本来是一对恋人，由于种种误会，导致两人分手。但分手后，他们彼此还是相爱的。这期间，罗斯又出现了一个新的追求者——朱丽。

正当罗斯在朱丽和瑞秋之间摇摆不定，难以取舍的时候，好朋友钱德给了他一个建议。钱德让罗斯列一张朱丽和瑞秋的优缺点对照表，理性地进行分析，然后做出取舍。

罗斯觉得这个主意很好。将两人的优缺点列出来以后，她们的情况便一目了然，择优录选，应该不会错。

于是他开始列单子。一张单子上只列出了朱丽的优点：细心、温柔、善解人意……而另一张单子上则列出了瑞秋的缺点：爱臭美，有点任性，脚踝有点肥，甚至经常把自己的名字写错。

至于说到朱丽的缺点，罗斯想了一下，很遗憾地说，她唯一的缺点是“她不是瑞秋”！

即使瑞秋有那么多的缺点，但她有一个别人无法比拟的优点，那就是：她是让罗斯深爱的瑞秋。

优缺点对照表列出来了，罗斯最终选择的不是一个完美无缺的女人，而是选择了一个他需要的女人——瑞秋。

挑选东西的时候，我们总希望自己挑到最好的，就连爱人也一样。特别是现代社会中的女人，都希望有一个最适合自己的丈夫，最爱自己的丈夫，最优秀的丈夫，总之，希望自己的丈夫是最完美的。然而往往事与愿违，丈夫的缺点总是时不时地暴露出来。

女人的内心总是存在一种爱比较的心理：别人的丈夫不抽烟、不喝酒，而他整天烟酒不离口；别人的丈夫工作没多久就开上了汽车，而他工作多年，依然骑着那辆破自行车；别人的丈夫都记得妻子的生日，偶尔为妻子送上一束花，而他从来不懂得浪漫，甚至连相识几年都记不清了。

与身边其他的男人比起来，自己丈夫身上似乎有太多的缺点。有时候，你甚至觉得嫁给他是一个错误，不知道自己当初为什么会看上这样一个不值一提的男人。但是，尽管有太多的抱怨和内心的不平衡，你依然生活在他的身边。并且在看到他与别的女人有说有笑的时候，你发现自己还会吃醋，这说明你依然很在乎他。

你没有弃他而去，也害怕他离你而去。因为无论如何比较，他永远是你心中所爱的那个人。其他男人再优秀，也代替不了他在你心中的位置。既然如此，何不试着慢慢包容他的缺点，接纳他的缺点呢？或许他的某些缺点，正是吸引你的地方。

抽烟喝酒确实不是一个值得称赞的嗜好，但比起那些爱好嫖赌的人来说，已经好多了；他没有金钱，也没有权力，只是一个踏实工作的普通人，但比起那些有了钱就抛家弃子的人好多了；他不懂得浪漫，总是吝惜说一句“我爱你”，但比起那些巧言令色，口蜜腹剑的花花公子，已经好多了。

恋爱的时候，我们把婚姻想象得过于美好，认为两人世界里尽是鲜花美酒，对于柴米油盐和家长里短的琐事估计不足。再完美的爱情，进入婚姻之后，也会变得面目全非。

当我们发现婚姻中的对方不符合自己婚前的想象时，那些恋爱时的优点就会瞬间消失，那些过去不曾有过的缺点就会一下子暴露出来。严重的心理落差，会让我们怀疑婚姻的意义和价值。

美满的婚姻，靠的是一颗理解和宽容的心。当初与他牵手，相信其绝非一无是处。一个人的优点不会无端消失，或许只是自己变得苛刻而已。其实，爱情也是需要缝缝补补的，这些只有当事人自己知道。所谓的恩断义绝，其实只是消极心态所致。

那些在外人看来“成功”的婚姻，当事人绝对不是极端坚守理想的人，他们不会生活在个人的想象和憧憬中，用自己的要求和标准去衡量爱情，而是懂得退一步，能够接受现实。在别人看来，或许这种妥协是退而求其次，实际上却是在对待婚姻问题上拥有大智慧。

没有一个人是完美的，因此，当你将婚姻的眼光标定在“完美”这一刻度时，首先需要反躬自省，审视一下自己是否足够完美。在哀叹自己遇不到白马王子时，应该反思一下，自己是个完美的公主吗？要试着用不完美的心看待不完美的婚姻，接受婚姻的平淡，习惯对方的不完美，这就是最大的完美。

所谓完美的婚姻，就是忍耐对方的习惯，接受对方的不完美！

习惯忍耐便已白头

一位称职的家庭主妇，把丈夫和孩子的生活打理得井井有条，可丈夫却忍受不了她的洁癖。比如，她在厨房挂了几条抹布，洗碗、刷锅、抹灶台“各司其职”，不能混用。家里摆放的东西，都有固定的位置，只要稍稍挪动，就会被她发现。

丈夫是个不拘小节的人，进门经常忘记换拖鞋，用错抹布，把东西摆错位置。妻子不懂得忍耐，认为丈夫不尊重她的劳动成果，因此家里经常火药味十足。

其实，发现丈夫这些坏习惯时，妻子根本没有必要发脾气。既然愿意嫁给这个男人，就要包容他的一切，不论是优点还是缺点。

就像比尔·盖茨，据说他的个人卫生习惯让人难以忍受，并且传为笑谈。他可以连续几天不洗澡，回到家后，身上散发着一股怪味。但他的妻子梅琳达都忍了下来，并没有冲盖茨大发脾气。

在盖茨眼里，梅琳达不仅办事干练，更重要的是，她具备一个贤妻的特质。用盖茨的话说，梅琳达就像“一只柔顺的小绵羊”。

几乎在所有的家庭中，妻子都会对丈夫的坏习惯抱怨、唠叨个不停。面对丈夫的坏习惯，生气、唠叨、发脾气是无济于事的。要帮助丈夫改掉坏习惯，也不能急于求成，而是要慢慢引导。有人说，婚姻就是相互摩擦和相互习惯的综合体，这里总结出了婚姻中比较常见的男人十大坏习惯，看看你能忍耐几项。

1. 他永远不记得随手关灯、关门、关抽屉。

2. 他经常不修边幅，不爱洗澡，乱扔臭袜子。

3. 他自己待在家里的时候，不管有多乱多脏，从不主动收拾。

4. 他永远都把东西摆错位置，多次提醒也无法改变。

5. 他永远都会在做完某件家务活的时候，给你留下个小尾巴。

6. 他经常玩游戏、看球赛到凌晨，提醒数次后还是一样。

7. 他有时候不体贴、不温情，甚至不解风情。

8. 他开车技术差，学历不高，没有自己的思想。

9. 他总是有没完没了的应酬、加班、出差。

10. 他总是忘记你的生日、重要纪念日和重大节日。

也许你还能能罗列出更多丈夫的坏习惯，甚至有些是结婚之前你绝对不会容忍的坏习惯，但是现在结婚了，你就要学会容忍，因为不管怎么样，他是你的丈夫。那些能将婚姻进行到底的人，一定懂得善待身边的另一半，因为他们有足够的忍耐力。

有的男人非常邋遢，不讲卫生，不爱洗澡，甚至不洗脚就上床睡觉，报纸、杂志看完后到处乱放，把家里搞得乱七八糟……这样的男人听起来好像一无是处，不讨人喜欢，可是这只是他众多习惯中的一部分。对你的丈夫，外人能了解他多少？大概几个词就概括了他的全部。而他那些对你细致入微的体贴，义无反顾的支持，那些在你耳边轻轻说出的情话，对你家人无怨无悔的照顾，以及他的坏脾气、坏习惯和做过的错事，这些外人并不熟知，只有你才真正了解。

婚姻是夫妻一辈子的事业，要付出努力去经营。生活中，绝大多数夫妻原本没有太大的矛盾或原则性冲突，何必过于苛求对方？

曾有一对金婚夫妇感慨地说，他们之所以能共同生活 50 年，是因为妻子给对方列举了 100 条坏习惯，丈夫改一条就少一条，年复一年，总可以找到原谅他的理由，所以婚姻就在宽容和理解中走了过来。

只有夫妻携手跨越一次又一次的障碍之后，婚姻才越发富有内涵，才越发显现出白头到老的弥足珍贵，婚姻才能散发出真正的魅力。

Q（Quality）质量
用质量延长婚姻的长度

婚姻质量的定义是：夫妻的感情生活、物质生活、闲暇生活、性生活及双方的凝聚力在某一时期的综合状况。

你的婚姻质量属于哪个级别

美国婚姻问题专家高特曼博士指出：要维持稳定的婚姻关系，夫妻之间的愉快互动和不愉快互动的比例，至少要达到5：1，即有5个快乐的互动，才能有1个不愉快的互动。一旦不愉快的互动比例上升，婚姻就会出现危机。

衡量婚姻的质量，可以用两个标准，一是婚姻的爱情基础，二是婚姻的稳固程度，这两个因素之间不一定存在因果关系。轰轰烈烈的爱情也有其脆弱的一面，而稳固的婚姻往往更多地取决于一些实际因素。

根据婚姻生活质量的不同，这里把婚姻分成三级。

一级：幸福的婚姻。夫妻关系融洽，充满活力，能够经受挫折和磨难。夫妻之间感情和谐稳固，真爱激情依旧。两人懂得珍惜和欣赏婚姻生活里的点点滴滴。丈夫或妻子在婚姻中有美好的体验。

二级：介于幸福和不幸福之间的摇摆婚姻。双方能够维持婚姻生活，感受到婚姻的酸甜苦辣，但是对婚姻生活感觉不太适应，或者认为这种婚姻不是自己想要的。夫妻关系不太融洽，婚姻生活缺乏活力。

三级：不幸福的婚姻。出现婚姻危机、婚外情、婚姻暴力（包括冷暴力）。婚姻生活中的夫妻双方或一方痛苦麻木，在婚姻边缘徘徊，夫妻之间陌生、冷漠，双方的冲突和伤害具有持续性或经常性等特点。

你是属于上面三级中的哪一级呢？社会学家和婚姻专家经过研究和分析比较，得出这样的结论：现代中国婚姻生活质量，大概有两成的婚姻属于不幸福的婚姻，七成半的婚姻质量达到了中等水平，只有不到一成的夫妻关系属于高质量和完美型的婚姻。

从上面的数据看，我们有必要定期检视自己的婚姻。婚姻生活中的每一个细节，包括早餐、睡觉等习惯，都要进行细细梳理。要常常问自己三个问题：他愿意在我面前表现他感情脆弱的一面吗？他感受到尊重了吗？

生活不如意时，我能从他那里获取完全的支持吗？即使只有一个回答是否定的，那也表明你们的婚姻关系有些紧张，应该马上想办法改善。

最后，可以通过下面的这个小测试，全面分析自己的婚姻状态，并进行质量评估。这个小测试可以帮助你发现婚姻中存在的问题，从而提高婚姻幸福度。

测试共有15题，请根据你的真实情况和第一感觉快速作答，用“是”或“否”来回答，每回答一个“是”得1分，“否”得0分。题目中的我们，指你和你的丈夫。

1. 我常常不知道他在想些什么，有什么感受。
2. 我们很少有亲密的身体接触。
3. 我常常觉得自己与丈夫的交谈空洞乏味。
4. 我觉得和丈夫两人面对面的时候，不知该如何相处。
5. 我恐惧行房。
6. 我有时候会觉得很委屈。
7. 与丈夫吵架时，我很少去了解他生气的原因。
8. 我们很久没有分享过彼此兴奋或愉快的事情。
9. 我有自我伤害的想法。
10. 我们常常处于激烈的争吵中。
11. 我和丈夫其中有一个人常常会生病，感觉身体不适。
12. 我常常有提防丈夫的念头。
13. 我对丈夫的爱没有信心。
14. 我做很多事纯粹是出于义务。
15. 丈夫不在身边时，反而感到比较轻松自在。

如果你的得分是0~4分，表明你们的婚姻品质不错，偶尔有小摩擦，但只要愿意共同经营，婚姻生活会越来越幸福。

如果你的得分为5~9分，表明你们的婚姻稍微有点紧张，就像绷紧的弦。建议仔细查找问题的症结。可以参加各类婚姻咨询课程，或者阅读相关书籍，了解夫妻互动模式以及对配偶的期待，明确这样的互动方式对婚姻会产生哪些影响。弄清这些问题，有助于进一步改善双方的关系，提升婚姻的品质。

如果你的得分为10~15，表明你们正在为婚姻付出沉重的代价，你可能很沮丧，心情低落，身心俱疲，甚至企图自杀。建议你立即向外界寻求帮助，如向专业婚姻咨询师咨询，或听听长辈们的意见，尽快解决你们婚姻中存在的问题。

提高生活品质的5件事

现代女性在追求独立和彰显自我的同时，也变得越来越会享受生活。但是生活不必过分追求奢华，因为生活不光要有一点儿精致，还要有一点儿品味。品味并不需要投入很大的代价，哪怕只花一点小钱，也可以营造出典雅的品质生活。对于生活，不必随波逐流，因为流行不代表一定适合你。每个女人都要学会提高自己的生活品质，为自己的婚姻生活增添一抹亮色。

其实，高品质的生活离你并不遥远，你只要用心做到下面几点就可以。

第一，热爱生活，保持积极乐观的心态。高品质的生活跟女人的心态息息相关。一个女人只有热爱生活，积极乐观，才能赢得幸福的婚姻生活。

生活中会遇到很多困难，有些人会因此变得消极，心灰意冷，陷入悲观的情绪中不能自拔。坚强的女人会选择迎难而上，无论遇到任何艰难险阻，都会以积极乐观的心态迎接一个又一个挑战。

第二，热爱家人，重视家人的健康保健。现代人生活节奏紧张，工作繁忙，健康问题很容易被忽视。作为家里的女主人，家人的身心健康、饮食健康，都跟你息息相关。要想提升生活品质，必须注重全家健康问题。

在家里，照顾好老人和小孩是第一要务。此外，还要保障全家人膳食营养的平衡。比如，最好自己动手在家做饭，采用新鲜食材，饮食要均衡搭配，尽量照顾到家里人的口味和身体需要。当然，适量运动也必不可少，周末一家人可以去公园游玩，到郊外爬山和野餐。此外，跟家人有效进行沟通，是预防心理疾病，提高生命质量的有效手段。

第三，理性消费，学会投资理财。有这样一句话：女人的心情，三分天注定，七分靠 Shopping。可见，购物是女人调节情绪的必备良药。需要提醒的是，在购物时，要买自己真正需要和适合的东西。在你的衣柜里，衣服的数量可以少一些，样子也可以不时尚，甚至也不必是名牌与奢侈品牌，但是要记住，你的服装一定要质地良好，做工精湛。可以不戴首饰，如果要佩戴，一定要戴真材实料、货真价实的首饰，要戴符合自己身份、地位以及收入水平的首饰。仿冒奢侈品牌的饰品，并不能给你的气质加分。

如今的生活成本逐年提高，居家过日子，样样都要精打细算。最好要学会理财，控制好物欲，尽早实现财务自由。一些个人理财网站及理财书籍，都会教给你一些投资理财的基本知识，你也可以多听一些理财讲座，或是咨询朋友介绍可信的投资专家或理财专家，对你进行专业的帮助和指导。

第四，内外兼修，提高内在修养。追求高品质的生活，内外兼修也很重要。外在美的重要性，前面已经跟大家讨论过，这里就不赘述了。女人除了着装要大方得体外，还要有修养、有见识、有品位。社会在不断进步，你也要赶得上社会前进的脚步，也要追求进步，坚持学习，经常上网，不要整天沉迷于时尚杂志和八卦新闻。偶尔看看流行电影，也能从中学到不一样的东西。感兴趣的话，还可以学学外语、烹饪、茶道、插花、瑜伽。拥有广泛的兴趣爱好，会提升你的内在气质。

第五，改善环境，装扮家居。每个人的喜好不同，家居装饰的形式、风格也是多种多样的。有条件的话，可以聘请专业家装公司，对室内环境进行专门的设计和装潢。或者调整家具布局，定期刷新保洁。你也可以购买创意装饰品，为家庭营造温馨的气氛。还可以自己动手种植花卉，美化居室，增添生活情趣。

对于家庭装饰，总体上要以营造一个健康、舒适的绿色家居环境为目标。买家具不要盲目跟风，多调查市场和家具品牌的口碑。风格和样式在自己喜好的基础上可以多考虑实用性，无论是欧美风格，还是中国古典风格，最重要的是环保、质量要过关。装饰品和摆件要少而精，能起到点睛作用，与整个家居风格相互协调。

偶尔来一点“性奋剂”

现代情感专家普遍认为，婚姻的维持和完满少不了性爱。中国人民大学性社会研究所曾做过一次全国调查，发现中国已婚男女中，每月性生活次数不到一次的人数竟然超过四分之一。快节奏的工作，使现代人精神状态每况愈下，身体素质也明显下滑。那么，夫妻之间如何保持高质量的性爱呢？

性在婚姻生活中占据着重要的位置。男女虽有着相同的感觉系统，但触、看、嗅、听等感官功能却有很大差异。在夫妻生活中，这些差异会影响到彼此的性感受。夫妻应该了解各自的身体特点和“性奋”源，以便让婚姻生活更美满。

瑞典语音学家斯培伯尔指出，性行为是语音生产的源头。夫妻在营造性爱氛围时，应挑选音乐“助性”。夫妻双方可以回忆一下，哪一些歌见证了两个人的恋爱历程，或者有没有彼此都喜欢的歌手，或者是某一次你们合唱过的情歌。这种在共同回忆中积淀下来的音乐，可以凭借爱情的力量为性爱助威。

借助音乐渲染气氛，如果想不落俗套，又要增添浪漫气息，还可以加上美酒，一边欣赏音乐，一边品尝美酒。需要一提的是，红葡萄酒的“助性”效果非常棒。音乐和美酒能让双方放松，也容易感到满足。这些方法在强化性刺激、改变前戏模式中，都能派上用场。

体味是一种特别的“性奋剂”，约三分之一的女性青睐体味浓烈的男人，并且会为之痴狂。要提高性爱质量，不妨试着从嗅觉方面下手。可以用一些与人体气味相近的香味品，如麝香被认为充满了性的含义，能激发人的欲望。女人要懂得用眼睛传情，用温柔而梦幻的眼神直直地看着对方的眼睛，他就会感受到你的电力，臣服于你的魅力之下。对男人来说，头发也具有特殊的魔力。不妨学着让他躺下，然后用头发轻轻挑逗他的身体，他会觉得自己徜徉在一个虚拟的性爱乐园。

夫妻亲昵时，虽然赤裸的身体是最佳的“催情剂”，但是女人要全然放松地裸露，或许有些难度。男人觉得穿衣服的女人，有特殊的狂野和放浪感。性爱中，妻子可以穿一件若隐若现的丝质睡裙，在身后打上淡黄色的灯，形成一圈光晕，这一定能吸引丈夫的全部注意力。无声地引诱他，尝试在他面前慢慢地一件件脱去自己身上的睡裙，无需言语，他的热情会马上会被你点燃。

夫妻双方的爱抚应该是互动的，你可以向对方明确表明自己喜欢什么样的爱抚，哪个部位最渴望被爱抚，以及需要的爱抚强度，从而使彼此都享受到爱抚的乐趣和情意。性爱抚应从最不敏感的部位开始，逐渐向敏感部位转移。男女喜欢的抚摸方式也不同。女人更在意抚摸的力度，通常喜欢从轻到重的按压。

妻子也要注意对方的性感带，可以用你的手指轻轻地抚遍他的全身，找出他的每一处性感带，再用嘴挑逗那些地带，这种挑逗游戏，没有一个男人能够抗拒。当然，在令男人销魂的同时，你也会由内而外感到快乐，享受由你挑起的激情快意。

你也可以在他身上做个“记号”，比如一个抓痕、咬痕或是性感的隐秘吻痕，让他睹物思人，随时想起你的迷人妩媚。或者，你也可以在他身边，留下你的贴身衣服，比如一件可爱的内裤、丝袜等，这将让你整天都占据他的心。

如果工作繁忙，没有了性致，那不妨给自己和爱人放个假，定期安排一次蜜月。在旅行中，一方面两个身心都很放松，忘记了工作的劳累，另一方面还可以尽情享受属于自己的私人空间，重新找回爱的感觉。更重要的是，假期中的性爱有助于夫妻重燃爱火，更加亲密。

R（Responsibility）责任
婚姻承载责任和义务

经营自己的婚姻，就是把家庭当成爱的港湾，当成疲劳时的休息场所。在家庭里，你既是痛苦的分担者，也是喜悦的享受者。

随便的婚姻“伤不起”

现代社会，人们的生活节奏越来越快，恋爱、婚姻仿佛也在追求速成法。恋爱、婚姻的速度越快，人们的态度就会越随意。

戚薇和刘景星属于一见钟情型的，两人相恋2个多月便闪婚了，婚房是结婚前刘景星家里出全款购买的。然而婚后生活却让双方对彼此感到失望。

刘景星性格偏内向，结了婚，有了家，下班或放假时，就爱宅在家里看电视，或者上网玩游戏。但是戚薇却依然每晚和同事、朋友出去吃饭、唱歌，和结婚前没两样。每次刘景星抱怨时，戚薇总是说：“工作上的交际应酬是免不了的，不应酬，不工作，以后你赚钱养我吗？”

这还不是最大的矛盾。由于刘景星家境较好，以前从来都没有做过家务，也不喜欢做家务。戚薇时常有饭局，所以婚后家里常常是饭没人做，地没人拖，甚至洗衣机洗好的衣服都没人拿去晾晒……为此，刘景星总是抱怨戚薇没有尽到妻子的责任。

对于刘景星的抱怨，戚薇感到很委屈，这都什么年代了，他还大男子主义！两人就这样三天两头地争吵，有几次甚至摔东西动拳脚，婚姻也渐渐走到了尽头。两个月后，刘景星向戚薇提出协议离婚，戚薇也“爽快”地答应了。

由于双方没有小孩，而且结婚时间短，也没什么经济基础，不存在共同财产分割问题，所以离婚协议再简单不过，两人就这样“闪离”了。

对于这场失败的婚姻，戚薇说，结婚时自己就是带了个箱子去他家，现在离了，不过是自己又拖着个箱子回到娘家而已。反正日子还长，以后还有很多机会。刘景星也说，当初结婚时，就是把单人床换成了双人床，现在离了，再换回来就行了。

随便的婚姻“伤不起”。你不能因为寂寞，便随便找个人就嫁出去，也不能因为受到挫折，就放弃那个经过了考验的人。随随便便的婚姻，只能让你的不幸在未来的日子里雪上加霜。

如果只是想找个依靠，或是在生病的时候有人照顾，结婚并不能解决这个问题，可能还会让人失望。如果因为年轻时的一个决定，你要忍受人生几年或几十年和不爱的人一起生活，所有的酸甜苦辣都一个人品尝，那婚姻简直就是一种折磨。随随便便走进婚姻，是一种不负责任的行为，不仅伤人，还会害己。

结婚不像逛街吃饭那么简单，这是一件非常严肃，必须慎重考虑的事情。在进入婚姻之前，或者结婚之后，请谨慎思考下面这些问题。

第一，不要为了结婚而结婚。有的人到了应该结婚的年龄，为了应付自己和家人，随便找一个人结婚。有的人刚经历失恋，内心很空虚，于是就盲目走进婚姻。有的人因对异性朋友产生怜悯，想要“拯救”或“改造”对方，因此跟对方结婚。还有一些人为了经济利益，为了出国移民，或者为了离开自己的家庭而结婚。以上种种毫无感情基础的婚姻，由于结婚的动机不正确，婚后就会诱发各种各样的矛盾。结婚是一件神圣而庄严的事情，讲的是责任感，所以婚前要认真考虑，不要把婚姻当成儿戏。

第二，排除双方父母的影响和干扰。有些婚姻矛盾来自双方父母的干预和影响，比如，父母对儿女婚姻不支持甚至反对，父母过于关心孩子的婚姻，或者干预过度，使子女失去了婚姻生活的自主权。有些子女很孝顺，在情感上比较依赖父母，为了满足自己父母的期望，导致婚后夫妻感情不和。有时，在对待双方父母的问题上，很容易产生“一碗水端不平”的情况，年轻夫妻如果处理不好，也会引发家庭矛盾。为了避免这种情况的发生，对待双方父母要尽量做到一视同仁。

第三，孩子的问题要慎重考虑。不管是什么时代，选择丁克家庭，不生孩子，都很难成为社会生活的主流。“不孝有三，无后为大”的传统观念，在中国人的心中根深蒂固。有许多丁克家庭，到最后不得不重新考虑生育孩子的问题，却因为错过了最佳生育时期，或者其他原因，最终无法如愿以偿。

有一些年轻的父母缺乏责任感，对待孩子只管生，不管教，或者夫妻双方在抚养孩子的问题上不能达成共识，分歧比较大。值得提醒的是，两人对自己的未来还没有规划清楚的时候，不要轻易把孩子带到这个世界上，因为你必须要为孩子的成长和未来负起责任。

第四，不要轻易说离婚。许多夫妻闹矛盾时，女人喜欢用“离婚”这个杀手锏制服对方。很多夫妻在吵架时，常常说出这句气话。虽然这只是一时的气话，但确实有些人真的在气头上办了离婚手续。婚姻中的很多矛盾和问题，也许并没有想象中的那么严重，在遇到问题的时候，应该先想办法解决问题，而不是选择逃避和说狠话。离婚这两个字，千万不要随便说出口。

不要只强调对方的责任

很多人都认为，“责任感”是男人的事，与女人无关。其实，在一个家庭中，无论是丈夫或是妻子，都要有家庭责任感。

在报纸上曾经有这样一篇报道：一个全职太太打麻将成瘾，每天早上，她都把幼小的孩子连同家里养的一条狗锁在家里，然后跑到棋牌室打麻将。有一天中午，她只想着赢钱，没有回家给孩子做饭，结果饿极了的狗把孩子咬伤了。

虽然这件事比较特殊，但是在一个家庭中，夫妻无论是哪一方，都要有家庭责任感。任何一方缺乏家庭责任感，都会使幸福指数下降，甚至给家庭带来不幸。

有许多年轻夫妻，从小娇生惯养，以至于成家后生活还不能自理，更谈不上承担家庭责任了。有的女人认为男人赚钱养家是天经地义的事情，自己只要坐享其成就行。这些女人还特别虚荣，身上穿着名牌，用着昂贵的化妆品，为了给自己撑门面，甚至花光家里的存款，这无疑是不负责任的表现。

周雯雯的丈夫是典型的好男人，老实，勤快，结婚后从来没有让周雯雯下过厨房。每天家里的家务活丈夫全包，晚上还主动给周雯雯捶背，按摩。

一个月前，周雯雯参加了一次同学聚会。当天晚上去了很多同学，从前班里学习不好的几个男同学，现在都成了大款，开着进口轿车，出手大方，这对她刺激很大。以前几个长得不漂亮的女同学，现在日子也过得很滋润，住着100多平方米的房子，全身名牌，显得生活特别幸福。最刺激她的是，一个很有钱的男同学竟然悄悄对她说，上学时特别喜欢她，心里一直想着她。

从那以后，周雯雯就像变了一个人似的，对丈夫横加指责，冷嘲热讽。周雯雯的脾气也变得暴躁起来，动不动就冲丈夫发火，批评丈夫没有上进心，没有追求，不懂浪漫。有时候周雯雯还当着同事的面，指责丈夫窝囊，没有靠山，没有关系网，像木头人一样，后悔嫁给了他。

开始丈夫没有太在意，以为她遇到了什么不顺心的事，发发火，讽刺挖苦几句，过去就算了。可是她的这种反常情况持续了一个多月，也没见有停止的迹象。丈夫觉得忍无可忍，但又不想同妻子发生争吵，便拽着她去找心理医生咨询。

在心理医生的帮助下，周雯雯认识到丈夫对自己百依百顺，工作认真负责，老实肯干，对老人尊敬孝顺，基本上全是优点。缺点就是没有太大的成就，没有太多的钱。心理医生告诉她，一个幸福的家庭，需要两个人共同努力去经营，责任感是维持家庭稳固的重要因素。

最终，周雯雯认识到其实自己还是很幸福的，只不过自己把所有的家庭责任都推在丈夫身上，所以产生不满足感。长期以来，她认为丈夫既应该挣钱养家，又要像仆人一样照顾自己，从而忽视了自己在家庭中应负担起的责任。

作为女人，如果是全职太太，家庭责任感主要表现在相夫教子方面。如果和男人一样在职场上拼搏，也应多腾出一些时间留给家人，尽量做些家务，多给丈夫和子女一些关爱，让家庭成员都感受到家庭的温暖。共同教育子女，则是夫妻都应该承担的家庭责任。

对孩子要负责到底

在传统婚姻中，孩子是维系夫妻感情的纽带。夫妻一旦养育了孩子，就不愿轻易离婚，但现在不少年轻夫妻并不这样想。一部分年轻夫妻离婚，都不想抚养孩子，原因无非是自己的工作不稳定，或者事业刚刚起步，物质积累少。还有一个原因，就是父母不在身边，没人照看孩子，现实的压力导致不得不放弃孩子。此外，一些人考虑将来还要再婚，组建新家庭时，孩子会成为累赘，因而找各种借口推脱。

有一些年轻人，“闪婚”后就生育了子女，甚至是因怀孕而匆匆结婚。由于双方在心理上、经济上还没有做好迎接一个小生命的准备，因此突然之间面临着从单身到为人父母的双重角色转换。在这个时期，当生活压力造成的矛盾不能有效化解时，夫妻双方就会轻易选择离婚。这里想说的是，既然已经生育了子女，就得承担起做父母的责任。

王媛媛和丈夫工作都很忙，经常出差，孩子从小就交给奶奶照顾。有了老人的照顾，他们很放心，因为奶奶很疼孙女。

可是接下来出现的诸多问题，让他们有点措手不及。吃饭的时候，奶奶先把菜放在自己嘴里嚼碎了，再喂到孩子嘴里，孩子还吃得津津有味。王媛媛看了之后很吃惊，这怎么行！这样既不卫生，而且孩子得到的营养也大大缩水了。更为严重的是，孩子那段时间都不怎么和爸爸妈妈打招呼，更别说一起玩了。每天，孩子都缠着奶奶，吃饭要找奶奶，睡觉也找奶奶，和爸爸妈妈之间的关系逐渐疏远了。

夫妻俩商量，不能把照顾孩子的重担交给奶奶一个人，作为父母，应该承担起教育和抚养孩子的责任。两人约定，每天不管多忙，都要抽出时间陪孩子玩一个小时。从那以后，孩子给他们带来了很多快乐，王媛媛和丈夫也乐此不疲，工作结束之后，就赶紧回家陪宝贝女儿。孩子现在已经习惯爸爸妈妈对她的照顾和教育了。

“工作忙”不能成为推卸责任和忽略孩子的借口。将孩子交给双方父母教养，难免会产生一些矛盾。孩子的成长期是不可逆的，年轻父母在这方面不可以大意。很多事情一旦错过，就没有弥补的机会了。

孩子的成长不仅需要良好的物质条件，更需要父母的参与。赚钱和工作都可以慢慢来，但是孩子的成长却不能重来。不要因为工作等理由忽视了孩子的成长，更不要将孩子推给双方父母，一推了之，因为只有你才是孩子最好的伙伴和老师。

一位朋友，因为孩子的意外出生，打乱了原定的生活计划。再加上丈夫为人比较自我，总觉得孩子是个负担，于是就把孩子寄养在爷爷家。孩子一直都由爷爷照顾，可是爷爷是个性格内向的人，平时很少和孩子对话交流，孩子也经常待在家里，很少有机会走下楼，更别提和别的小朋友玩了，所以孩子长到3岁，还不大会说话。

经过专家指导，朋友才明白，孩子出现这种情况，和他开始学说话时，没有得到很好的启发有很大的关系。如果不能和其他孩子一起玩，孩子会产生抑郁情绪，一旦不能给予恰当的疏导，就会抑制孩子智商和情商的发展。

从那以后，夫妻俩将孩子接到自己身边，经常陪孩子学习，玩游戏。慢慢孩子开始学会说话和交流了，没过几年，孩子就赶上了同龄儿童发育水平。

这位朋友深有感触地说：“自己不带孩子，把孩子推给长辈或者保姆，就是对孩子最严重的伤害。”

家庭是孩子的第一所学校，父母是孩子的第一位老师，父母要承担起教育孩子的责任。作为孩子的父母，不能全然撒手不管，完全将孩子交给双方父母照顾。虽然大部分老人乐意照管孩子，但是毕竟老人在体力和精力上都不能胜任这项工作。抚育孩子，永远是为人父母的义务和责任。

如果不得不把孩子交由老人照看，夫妻二人可以定时和家中的老人交换教育孩子的想法，双方一旦出现矛盾和分歧，就要及时解决。此外，夫妻不管工作有多忙，都要抽出时间跟孩子在一起玩，不要把对孩子的教育权、抚养权完全交给老人，要肩负起抚养和教育孩子的责任。

很多女人离婚后，总是愤恨地谴责对方。她们会对孩子说，他的父亲不是一个好人。离异之后的两个人相互怨恨、咒骂，甚至限制孩子与对方见面来往，这会在孩子心中播下仇恨的种子，使孩子对爱情不信任，对婚姻产生恐惧感，进而对整个人生怀有疑虑，产生不安全感。

单亲家庭的孩子，教育起来确实存在很多困难，但是如果处理妥当，父母离婚对孩子的成长并不会造成有很大的伤害。现实中，单亲家庭培养出优秀子女的案例数不胜数。相反，夫妻之间没有感情，互不信任，互相折磨，这样恶劣的婚姻，对孩子的伤害或许更大。

即使离婚以后，一个人独自抚养孩子，也要尽量和孩子多交流，多聊天，让孩子参与家庭事务决策，这会让孩子感觉自己很重要，而且有被需要的感觉，但是不要让孩子负担太多的家务，否则孩子很可能会觉得压力过大，不愿回家。

还要注意的是，自己失去的感情，不能在孩子身上找回来。生活中要尽量避免做出大的改变，如搬家、转学、很快再婚等。要与学校老师进行很好的沟通，请老师多关照孩子在学校的生活，鼓励孩子多交朋友。

父母离异对孩子固然有伤害，但父母冷淡、恶劣的关系，争吵、打架的过程，更是一种不间断的伤害，其对孩子的伤害程度更加严重。父母们千万不能对子女视而不见。从为人父母的那天起，家庭就不再是两人世界了。身边的孩子有丰富的心灵世界，你们的一举一动会深深地影响他们，成为他们成年后生活的准则。

S（Sentiment）情绪
别让坏情绪左右你的婚姻

夫妻一旦发生争吵，两人都会陷入情绪化之中，不能很好地解决问题。

你感受到幸福了吗

婚姻的好坏，在一定程度上决定了你的幸福感。然而认为自己婚姻幸福的，又有多少人呢？不妨问问自己这些问题：在婚姻中，你开心的时刻多吗？另一半和孩子，你更爱谁？你认为自己的婚姻存在哪些问题？当婚姻出现问题时，你认为最好的解决办法是什么？你相信你能同爱人白头偕老吗？

如果这些问题你从来没有认真思考过，那么只能说明，你对婚姻不幸福的感受是不客观的，或是你从来没有想过如何获得幸福的婚姻。

心理学家把幸福感解释为满足感和成就感。也就是说，婚姻是否幸福，主要是一种感受，一种个人体验。只要自己感觉良好，内心满足，这样的婚姻就是幸福的，它与物质条件优裕或贫困，社会地位高低，并无直接的联系，也不成正比。真正白头到老的婚姻，是令人羡慕的，我们可以向往和珍惜，但不必刻意追求，也不值得标榜。

幸福是一种能力，没有人能保证自己一辈子事事称心，但拥有幸福能力的人，却可以使自己不至于在不幸的泥淖中越陷越深，甚至会让曾经遭遇过的灾难成为日后被人羡慕的一笔宝贵财富。当婚姻出现问题的时候，有能力的人知道如何处理，如何清除婚姻中的各种隐患。

一位研究婚姻家庭问题的专家，在一个讲座上向在座的听众提出了一个问题："谁对自己的婚姻非常满意，请举手！"结果没有一个人举手。接着，他演示了一个实验：往一只装满清水的玻璃杯里滴了几滴墨汁，墨汁在清水中缓缓沉入杯底，一会儿，杯子里的水又恢复了清澈。

接着，他又用一根筷子搅动清水，杯底的墨汁马上向上翻腾，杯子里的水马上变成了黑色。停止搅动后，杯子里的水经过很长时间才恢复了清澈。

随后，专家将清水倒入另一只杯子中，墨汁便与清水分隔两杯之中了。

专家说：“滴入婚姻清水中的墨汁，是人性的弱点，是个人性格、脾气，也是日积月累的困难、挫折和生活压力。阻止墨水滴入或许不可能，但是我们可以不去搅动它，让它沉淀。事实上，在婚姻的清水里滴入墨汁并不可怕，可怕的是你不去思考怎样将两者分离，而是不停地搅动，这就是目前大多数人的婚姻状况。”专家接着说：“家务常常成为家庭战争的导火索，特别是有了孩子之后，再好的夫妻也会吵架。夫妻之所以感到不如意，是因为你们把注意力集中于婚姻中一些微不足道的瑕疵，却忽略了身边最重要的幸福。”

即使是相似的婚姻，每个人对婚姻的感受也是不一样的。有的人感受到痛苦，有的人感受到幸福，就像瓶中的墨汁和清水一样。如果你不断地搅动墨汁，当然会使你的婚姻生活变成一片黑色。再美满的婚姻，也会有不如意，不如让水恢复平静，此刻才会有清澈和透亮。

保持积极的“家庭情绪”

生活中，人人都会有坏情绪。所谓坏情绪，即负面情绪，指人们在不利的外界环境以及不利的自身条件下，产生的苦闷寂寞、忧郁悲伤、失意痛苦、愤怒嫉妒、紧张不安、恐惧憎恨等不良情绪。心理学家研究发现，坏情绪和细菌病毒一样具有很强的传染性，而且传播速度极快。

美国心理学家做过一个实验。让一个开朗乐观的人与一位愁眉苦脸、抑郁难解的人同处一室，结果不到半个小时，这位原本乐观开朗的人也开始长吁短叹起来。经过进一步的实验，科学家得出结论：只需要20分钟，不良情绪就会在不知不觉中传染给别人。

女人常常会被一些琐事困扰，情绪波动也比较大。比如因为妒忌、虚荣、自卑等心理，诱发许多坏情绪。这种“情绪传染”在家庭中最为常见。

因为做家务生气，因为性格不合生气，因为孩子生气，因为工作不顺心生气……总之，一些鸡毛蒜皮的小事都会生气。因为情绪传染，不但自己没有好心情，家里人的情绪也会受到影响。严重的还会导致夫妻不和，波及老人和孩子。

如果坏情绪长期存在，不能及时地宣泄和处理，轻则使人失眠焦虑，精神不振，注意力不集中，工作学习效率低下，重则让人悲观消沉，精神抑郁，给身体和心理带来较大的伤害。

秦思雨和丈夫于炜青梅竹马，大学毕业后顺理成章结了婚。尽管妻子偶尔会闹点小情绪，不过新婚生活还算甜蜜。都说夫妻“床头吵架床尾和”，可到后来，秦思雨一闹起情绪来，就会特别偏激，不能自控，很小的一件事情，她也能闹得满城风雨。

三个月前的一天，于炜所在的部门完成了一个大项目，全体同事一起出去庆祝，所以直到凌晨才回家。秦思雨看到丈夫满身酒气，非常生气，训斥他心里根本没这个家。于炜觉得妻子是无理取闹，连跟同事之间的正常交往都要管，所以也非常生气。一场唇枪舌剑就此展开，一直持续到天亮。

第二天，丈夫下班回到家，秦思雨又为这件事情接着吵。于炜厌烦不已，气急之下说：“离婚算了。”秦思雨听后，情绪非常激动，随手拿起一把水果刀就往左手腕上划了一刀，顿时鲜血直流。

从此以后，于炜尽量克制自己，能让就让着她。每天晚上睡觉，他都会担心，不知道明天妻子又要做出什么样的事情。周末去爬山，他都怕她跳崖。就连走在大街上，于炜都担心妻子会往车前面撞。

于炜天天都过得提心吊胆，为妻子的症状担忧，以至他内心非常不安，甚至还出现了失眠、焦虑症状。更糟糕的是，到了公司，于炜也会特别容易激动，有些神经质。

秦思雨情绪低落，确实很容易做出极端行为。于炜也被妻子的坏情绪影响，生活状态十分糟糕。这就是不良家庭情绪造成的后果。在家庭中，每一个成员都会不自觉地体验到其他成员的情绪，并随其改变自己的情绪状态，这就叫做情绪感染。

我们每个人都应该对自己在家庭中的情绪进行一次自我评价，看属于以下三类中的哪一类。

1. 和谐、温馨、轻松、愉快。

2. 基本和谐、稳定，偶尔争吵。

3. 长期或经常处于紧张、沉闷、烦恼的状态，或者家庭主要成员之间争吵不休，甚至发生家庭暴力，出现感情破裂。

如果属于第一类家庭情绪，应该珍惜并注意维护，切不可做有损于家庭团结的蠢事。第二类尤其是第三类，应该努力、认真地找出不良家庭情绪产生的原因，并对症下药，不可忽视。

积极的情绪如轻松、愉快，可以提升人的精神面貌，而消极的情绪如悲伤、烦闷，则会削弱人的活力。所以应重视和改善家庭情绪，尽量防止家庭情绪污染。

首先，要尽量保持积极的情绪。当遇到一些不开心的事情时，尽量想到事情发展过程中好的一面，乐观地看待生活。

其次，尽量不要把工作中形成的不良情绪带到家庭中。有的人在外面受了气，就回到家中发泄；有的妻子爱唠叨，不分场合、时间，令人不快；有的则习惯在餐桌旁训斥孩子；有的夫妻因一点小事就相互指责。这些行为，都非常容易导致不良的家庭情绪传染。

最后，要注意情绪变化的关键时间。从心理学角度讲，人的情绪变化有两个关键时间，一是早晨就餐前，二是晚上就寝前。早晨的情绪如何，关系着一天的工作学习质量；晚上的情绪如何，则关系到睡眠质量的好坏。在这两个关键时间段，要尽量保持良好的情绪。

一个人的情绪难免有好有坏，无论好与坏，我们都要坦然面对，勇于承受。即使出现了坏情绪，也要想办法控制。平时注意加强品格和心性修养，少一分冲动，多一些理性，学会克制自己，千万不要将自己的坏情绪传染给家人。

小心别踩到“牛角尖”地雷

每个人都有钻牛角尖的时候。事实也证明，女人比男人钻牛角尖的次数要多得多。

很多女人会说，“不是我那么爱钻牛角尖，是因为这件事情我根本就没有错误，为什么非要说是我的错？我一定要说清楚才行！”这样的女人不会从宏观上把握局势的发展，而是习惯于从微观处着眼，从主观上切入，于是就把简单的事情复杂化，导致矛盾越来越激烈。

比如在生活中，丈夫时常在外应酬，某一天女人在男人衣服上发现一根长头发，于是一定要男人交代清楚头发是从哪里来的，并且开始怀疑男人不忠。即使男人千般解释，并找人给予证明，她也仍然不依不饶。

心理学家讲，每个人或多或少有 1 至 2 项以上的“牛角尖”思想，这并不足以为怪。但“牛角尖”思想太多，只会令自己更不快乐，感到更多痛苦和困扰，患上抑郁症、焦虑症及性格障碍的机会也愈大。爱钻牛角尖的人，越往里钻，受挤压的痛苦就越厉害，直到最后把自己弄得没有出路。

一些女人常常为自己树立假想敌，以此来挑战自己，让自己的神经处于极度紧张之中，这又何必呢？下面列出了几种常见的“牛角尖”地雷，大家以后要谨慎避免。

第一种：不快乐的事情小题大做，任何事情都习惯性地往坏处想。把事件的严重性放大。这样的人，看事情只集中看坏处，而忽略了好一面，所以很容易感到沮丧。

第二种：一定要分出个“是非黑白”。认为凡事只有两种可能性：对或错，好或坏，没有第三种可能性。这种思想令人把事情过分简单化，并且影响对自己以及对他人的客观评价。

第三种：习惯性自责。把所有不愉快的事都算到自己身上，认为都是

"我的错"。这种既过度敏感，又过度自责的态度，使一个人习惯于经常和他人比较，最终觉得自己一无是处，产生不必要的痛苦。

第四种：喜欢猜测别人。还没有充分证据时，当事人就简单地以为完全掌握别人的想法，仅凭直觉妄下结论。这样的结果就是，不再用心聆听别人，造成人际关系疏离，平添更多情绪困扰。

第五种：认为自己的标准都是对的。你心里存在太多"应该怎样"或"不应该怎样"的想法，任何与这些想法相左的，你认为都是"错"的。这样的结果就是导致你为人处事缺乏弹性，令他人难以忍受。如此固执的思想，反过来也会伤及自身，使自己痛苦不堪。当婚姻中遇到问题时，我们不妨检视一下自己，看看自己是不是太固执，是否需要做出改变。例如，不必把事情想得太严重，可以换个角度思考问题，抛开"应该怎样"或"不应该怎样"的思想。此外，做人做事也要留有充分的余地。

改变的过程并不容易，或许你已经习惯了这样的思维模式，担心改变会带来更坏的后果。不过既然原有的思维方式带来诸多困扰与不快，那么为何不给自己一个改变的机会？

有一则脑筋急转弯这么说：一个人要进屋子，但是那扇门怎么拉也拉不开，这是为什么呢？回答是：因为那扇门是要推的。这个人只知道拉门进屋，不知推门进屋，就犯了做事僵化的毛病。有时候，周围的环境改变了，我们却不知道变通，仍然固执己见，钻牛角尖，认死理，这样就会被自己困扰。

不要总用一种思维方式来思考问题，要学会从多个角度看问题，要打破自己的思维定势，让自己僵化的头脑多转几个弯，不要局限在固定的模式中走不出来。同时，要试着接受他人的意见，减少一些不必要的争执。努力保持一份轻松的心态，知情知趣，知冷知暖，这对你的生活是有好处的。

生活中，要学会变通，灵活处事。人的一生中难免磕磕碰碰，记得告诉自己"没有过不去的火焰山"，给自己找一点乐子，经常给心灵扫扫尘，松松绑，这样，每天都会是一个艳阳天。

把不良情绪宣泄出去

沉重的生存压力，复杂的人际关系，疏远的情感世界，使得人们的心理负荷不断增加，进而变得脆弱易怒。特别是女人，很容易被消极情绪困扰，长期处在抑郁状态。婚姻破裂、对方出轨、失恋、丧偶等事件，通常都是女人抑郁症的诱因。

如果消极情绪长期存在且无法摆脱，会严重影响工作和家庭，严重的还会引发身体和心理疾病。那么怎样疏导、宣泄心中的愤怒情绪，怎样降低愤怒情绪对身体的伤害呢？最好的办法就是将一些负面情绪清理出去。

疏导是一种通俗易懂又行之有效的心理疗法，比如吵闹就是一种情绪疏导式。有的女人遭遇到长时间的内心不快时，就会郁闷焦躁，表现得爱发脾气，经常与家人争吵，责骂孩子，争吵打骂，就是疏导情绪的一种方式。

当人们遭遇到意外的精神打击之后，旁人会劝她：“痛痛快快地哭一场吧！不要闷在心里，憋出病来。”从这里可以看出，大哭一场也是行之有效的疏导方式。

除此之外，还有下面这些行之有效的心理疏导方法。

第一，摔打东西，大声喊叫。

摔打东西，若用得适当，也可看作是消解不良情绪的有效方法。大喊大叫、拧毛巾、摔枕头、捶沙发等，都有助于发泄。当然，这种发泄方式具有一定的破坏性，所以要注意时间、地点、方式、方法，以不影响别人，不伤害自己为基本原则。用喊叫的方式来发泄情绪时，最好在别人听不见的地方，还要注意不要损伤自己的声带。除此之外，还要尽量采用比较经济的办法，例如夫妻吵架摔水杯，虽然能解一时之气，但毕竟给造成了物质方面的损失。其实，只要找到有效的发泄方法，并不需要损坏东西。

第二，“长吁短叹”，做深呼吸。

人在焦虑时，心率及呼吸频率均会加快，而缓慢的深呼吸有助于使人镇静下来。人们常将“唉声叹气”和不良心境联系在一起，事实上它却起到放松作用。心情不好时，选一处清静的地方，通过鼻腔吸气扩张肺部，然后将肺内气体慢慢呼出，如此“长吁短叹”，会有不错的效果。

第三，多做运动。

一旦发现自己心情郁闷时，就预示着你感染了情绪病毒。这时可以通过运动进行发泄，将郁结于胸中的情绪病毒随着汗水排出体外。运动过后，人虽然很累，但是心胸会开阔许多。感兴趣的可以试试玩沙子来排解坏情绪，将手指脚趾深深插进沙子里撩拨，沙子细软柔滑，可散可聚，无孔不入，也可以过滤情绪病毒。

第四，阅读感兴趣的书籍。

近几年，国外兴起了一种书籍疗法。德国有些医院为病人开设了专门的图书室，让不少慢性病尤其是神经系统疾病及心理疾病的患者，沉浸在阅读中，帮助他们康复。读你喜欢的书或者杂志，有助于改变心态，冷静情绪，减少精神痛苦。读一本好书，就像是和亲密的朋友谈心，可以移情易性，振奋精神。特别是在夜深人静时，独坐灯下，摊开一本喜欢的书，渐渐地就会感到尘嚣远去，心静如水。

第五，找人倾诉。

将心中的委屈、压抑、担心、焦虑统统吐露出来，讲给那些愿意倾听，并且真心实意帮助自己的人。如果你觉得难以启齿，还可以写下来。总之，只有将那些困扰自己的事情吐露出来，你才能感到踏实。闺中密友对于女人来说是不可或缺的，你们可以相互交流工作心得、家庭琐事以及生活中的各种观点。很多的烦恼或担忧，说出来的时候往往就已经好了一大半。

女人恐怕多半都有倾诉欲。某些时候，丈夫会觉得做妻子的太唠叨，可闺蜜不会这样想。当然，倾诉对象也以是难得的“蓝颜知己”。如果是大自己许多的“忘年交”，那就更难得了，这样可以从对方那里得到很多宝贵的经验。有时候，一名合格的心理医生，也会是你的最佳人选。

当然，无论是哪种形式的倾诉，都该适度而合理。自己心情不佳就责骂孩子，迁怒他人，这样的做法显然是不合适的。

T（Treasure）珍惜
即使平淡，也要珍惜

许多夫妻经历了生活中的大风大浪之后才知道，绝对完美的婚姻只存在于想象中，只有眼前的幸福才是真正的幸福。

珍惜婚姻中的“第一次”

男人和女人结为夫妻，这个世界上，你便有了一个关系比其他任何人都要亲密的人。从此以后，两个人要共同去面对生活中的变化和挑战。不同的夫妻各有各的幸福或悲伤，但每对夫妻都会遇到婚姻中的“第一次”。

1. 第一次家庭矛盾。

江美和钟晓勋结婚半年后，就因为婆婆的不合理要求，发生了第一次严重冲突。钟晓勋是单亲家庭长大的孩子，婆婆退休后，提出要跟小两口一起生活。

江美本不情愿，可一想到婆婆一人拉扯丈夫不容易，照顾婆婆也是本分，便同意了。

可是婆婆经常要求小两口为自己支付出国旅游、购买衣服首饰等费用，实在让江美忍无可忍。终于有一天，江美失去控制，对丈夫吼道：“你怎么这么听你妈的话呀，你这辈子就跟你妈一起过好了！”

婚姻生活中，主动回避争论是掩耳盗铃的做法。忽视问题的存在，只能导致彼此之间的怨恨越来越深。一项调查显示，夫妻能否长期相处下去，关键要看他们如何处理冲突。争论是无法避免的，那么就应该尽量正确地去面对，其实建设性的争论，反而会起到增强双方关系的作用，因为它表明你们是具有高度信任感的夫妻，能够坦然向对方吐露心声。如果可以迈过这道坎，你们的关系就会向前迈出一大步。

2. 第一次换工作。

魏一宁和官颖结婚3年，工作稳定，收入丰厚。30岁那年，魏一宁决定改行做设计。之后他花了整整半年时间找工作，找工作期间，他们不仅仅收入大幅下降，而且魏一宁只能待在家里，占用妻子的家庭办公室。

官颖是个自由撰稿人，她不习惯丈夫天天待在家里，她必须排除干扰，集中精力工作。另外，她说话还得小心翼翼，生怕影响丈夫的情绪。

虽然这种局面让她感到很压抑，但是她坚信丈夫的前途是光明的，所以无论丈夫做什么样的决定，她都坚定支持。魏一宁也很感激妻子。

夫妻俩无论谁的工作有了变动，不管是升迁还是解雇，都会引起家庭的波动。工作变动不仅仅意味着经济状况发生改变，也可能引发夫妻的分工发生改变，家庭地位发生改变，以及对方对自己的看法发生改变。要解决这些问题，应当重新做家庭财政预算，重新分配家务活儿，调整双方在婚姻中扮演的角色。

3. 第一次健康危机。

30 岁的杨舒群结婚一年后，就做了一次大手术。手术前，杨舒群在丈夫的脸上看到了恐惧。手术前的几周里，丈夫变得相当消沉，根本不同她谈任何关于手术的事情。

好在手术进行得非常成功，而且排除了癌变的可能，但这期间，他们的生活也变得非常混乱。杨舒群卧床休养了五个月，接下来的一年她都不能工作，甚至不能做家务。更糟糕的是，她和丈夫心中充满了焦虑、敏感、自闭的情绪，排解这种情绪似乎比治病还困难。

家庭中任何一个成员生病，生活立刻会发生翻天覆地的变化。病人担心较多的是经济支出，或者失去工作这类问题，而另一方却害怕失去伴侣，独自生活。这个时候，彼此应当说出各自的感受，共同来应对这种“可能失去”的恐惧心理。

4. 第一次生孩子。

28 岁的刘茜茜，是一个有 4 年婚龄的新妈妈。她觉得自己有了孩子后，似乎仍在重复奶奶那辈人的生活。她的生活几乎全部被洗衣、做饭、喂奶、打扫卫生、换尿布……这些琐碎事淹没了。她非常妒忌丈夫能离开家去上班。当丈夫晚上回到家后，她积蓄了一整天的糟糕情绪就会爆发出来，因此经常引起家庭大战。

对女性来说，生育孩子意味着巨大的身心挑战，分娩的痛苦，养育孩子的劳累，都是在所难免的。在很长一段时间，孩子会取代工作、娱乐，成为女性的头等大事。夫妻通过抚育孩子，学会怎样扮演父母的角色，婚姻也会进入一个崭新的阶段。孩子会使夫妻的感情更加深厚，让夫妻学会互相帮助，以便高效率地处理好家庭事务，享受二人生活。

或许你们还有更多的第一次，更多值得珍惜和难忘的第一次。无论如何，你都应该珍惜“第一次”带来的改善关系的机会，懂得感恩，与你的爱人在漫长的人生道路上相扶到老。

夫妻间应常怀感恩之心

一对夫妻经常相互抱怨对方。丈夫认为自己每天工作非常辛苦，回家后没力气做家务；妻子认为自己每天有做不完的家务活，从早忙到晚，累得要命，连工作都丢了。于是他们决定互换角色，让对方体验一天对方的生活。

第二天清早醒过来，夫妻角色已经对换了。作为一个“女人”，他早早起床，准备早餐，叫孩子们洗脸刷牙，照管他们吃早餐，然后开车送他们去学校，之后去超市采购。回到家，他又要整理床铺，洗衣服，打扫房间。等干完这些，孩子们放学的时间到了，于是他冲到学校去接孩子们。到家后，他准备好点心和牛奶，监督孩子们做功课。下午四点的时候，他开始准备晚餐。吃完晚饭，他开始洗碗，收拾厨房，然后给孩子们洗澡，给他们讲故事，哄他们上床睡觉。晚上十点，他已经撑不住了，可是屋子还没收拾，衣服还没洗……

妻子变成了男人的角色，一大早到公司后，照常开例会。会议结束后跟同事一起商议当天的工作安排，回到办公室不停地接打电话，跟客户洽谈。到了午饭时间，顾不上出去吃饭，叫了外卖，一边吃一边工作。下午出去见客户，经过六个小时的磋商，终于谈成了一笔大项目。这时已经是晚上七点，客户要求出去庆祝，喝酒唱歌聊天。晚上回到家已经是凌晨两点了。

这时，丈夫还在客厅等着她。经过这番体验，俩人不发一言地拥抱在一起。

在朋友之间，我们常常能做到感恩与报答，这是因为我们珍惜朋友之间的友谊，想让朋友知道他为你做的这些对你很重要。夫妻因为有了一纸婚约，彼此之间就把对方做的任何事情都看成是理所当然的，时间一久，自然会熟视无睹，甚至还会鸡蛋里面挑骨头。

幸福的婚姻，除了夫妻双方互相扶持、互相爱护之外，还需要有感恩之心。女人们闲聊的时候，都会说到各自的丈夫。有人赞扬丈夫通情达理，体贴关怀，对丈夫一点一滴的好处都赞不绝口；有人却抱怨丈夫自私自利，对丈夫一丝一毫的过错都铭记于心。其实，那些被妻子夸奖的丈夫，并不一定比那些被妻子抱怨的丈夫优秀，但是知道对丈夫感恩的妻子，的确比那些只记住丈夫过错的妻子更幸福。

很多人认为，作为夫妻，为对方付出是天经地义的事情，既是一种义务，更是一种责任。时常有人会说："我们是夫妻，不需要那么客气！"其实，爱的积累就是感恩之心的积累。人的心理都是渴望被感恩的，夫妻之间也是一样。

小娜是一个追求完美且非常挑剔的人，而丈夫却偏偏是个慢性子。结婚以后，他们没少因为家庭琐事吵架，时间长了，自然伤感情。

有一次，小娜有些不舒服，请了一天假在家休息。虽然身体很难受，但她却想着不能让丈夫回家挨饿，于是强撑着病体，到厨房准备晚餐。这时丈夫正好下班。

当丈夫看到难受的小娜时，很贴心地说："身体不舒服就歇着吧，我去做饭。你想吃什么？"看着丈夫在厨房忙碌，小娜很感动，细想丈夫平时虽然懒惰，优点还是很多的：没有恶习，善良，顾家，努力工作，容忍她的坏脾气。此前小娜对丈夫的抱怨多多，现在心里突然觉得很懊悔。

从那以后，只要丈夫为小娜做一件事，哪怕是微不足道的小事，小娜都怀着爱心，带着真情感谢丈夫，除了送上"谢谢"二字，还会奉上一个香吻。时间一长，丈夫也惊喜地发现小娜变了，人也变得勤快起来，看小娜的目光都时时充满爱意。

两个没有任何血缘关系的人结成夫妻，组成家庭，彼此间就要互相依靠，互相支持，互相帮助。想想对方对你的付出，你是否觉得自己应当感恩？

现实生活中，有的人却十分自私，只想收获，不想付出，认为对方所做的一切都是理所当然的，以至于连一句“谢谢”或“对不起”也舍不得说出口。有些人稍稍不满意便破口大骂，甚至大打出手，引发家庭不和谐，不安定。其实，生活消磨掉婚姻的激情并不可怕，可怕的是我们没有了表达感恩的冲动。

我们要学会用辩证的观点看问题，客观地看待对方的优点，不要用过于挑剔的眼光待人看事。我们应该时刻提醒自己，要珍惜眼前的幸福，常怀感恩之心，明白平淡也是一种福气。

角色互换是一种很好的体验，大家不妨一试。通过这个游戏，夫妻俩能体会到对方的不容易，由此学会珍惜和感恩，这样婚姻生活就会多一份温馨与和谐。

不要把索取当成一种习惯

恋爱的时候，男友送给自己一个小礼物，哪怕只是一个发卡，一个温情的眼神，女人都会觉得很开心。经过了激情燃烧的岁月，结婚以后，一切都发生了变化，慢慢地，给予变成了索取：情人节，丈夫没有送花，没有送礼物，女人会觉得对方不重视自己；平时丈夫忙于工作，很少有时间陪自己逛街、聊天，女人们会觉得丈夫忽视了自己。从此女人开始抱怨，男人结婚后的“给予”变得吝惜了。其实，一味地索取，也容易导致婚姻失败！

印度诗人泰戈尔说过：“如果你因为失去太阳而流泪，那么你也将失去群星。”我们要求的越多，就会发现得到的却越少，这时最容易感觉不到幸福的存在。

琳达这一段时间犯了一个很多妻子都会犯的错误。都说婚姻十年是一个坎，不知怎么回事，琳达突然就厌倦了婚姻，于是开始和丈夫争吵。她总以为这就是十年之痒，大不了离婚而已。如此轻率的念头，在自己的脑海里突然就形成了。

然而一次课程，彻底改变了她的想法。这是一项心理培训课程，课堂上遇到好多陌生的同学，大家都感到很兴奋。

课间，女人相互谈论着厨艺，只有她一个人呆呆地坐着。有人好奇地问："见你挺会吃东西的，大概也很会做饭吧？"

琳达只是尴尬地摇摇头："嘿！我只是会做点自己喜欢吃的点心，但是我不会做饭！"

同学好奇地问："平日都是你老公做饭吗？"

琳达的回答显得理所当然："嗯，那是当然！"

同学继续问："那么，他回家晚了，或是不回家的时候，你怎么办呢？"

琳达笑笑说："我一般会等他回家做。如果实在等不得，那我只好吃泡面了！"

同学们都羡慕地说："你好幸福啊！"

琳达突然意识到：为什么人人感觉我幸福得要命，而我却感觉不到。是不是我已经麻木了呢？

其实，当索取成为一种习惯时，也就感觉不到幸福的存在了。习惯于向丈夫索取一切，既希望他像保姆一样照顾自己，又希望他能够出人头地。只能够接受婚姻的完美，却不能接受婚姻的缺陷，所以才感觉不到幸福的存在。

那种只知道索取，不知道付出的女人，体会不到付出的乐趣。在她们的心里，爱人只是一个可以随时摆布的对象。即使丈夫对她百依百顺，满足她任何无理的要求，也会让她产生厌烦。这正如一个被宠坏的孩子，忘记了自己的危险，总觉得什么东西都是自己的，对方所有的付出都是应该的。

我们常常看到，被宠坏的女人总是留恋于婚外，因为在她的心里，对方是没有地位的，对方就像是她的奴隶。这样的爱，怎么会幸福呢？

幸福的婚姻过程，其实就是两个人"需要"和"被需要"的过程。需要就是索取，被需要就是付出，我们要在"需要"和"被需要"之间找到一个平衡点。人总是自私的，所以爱情也会变得自私。一味索取而不付出的婚姻，是没有爱情可言的，因为每个人的承受力都有极限。

有很多人不止一次地发问：爱是什么？其实爱很简单。爱就是付出，付出你所有的心意，包括你的欣赏、赞美，甚至崇拜，包括你的温柔、体贴，甚至怜爱。给他你所有的心疼、珍惜、尊重与在乎，给他你所有的信任、包容、关怀与惦念。用你的眼神、你的行动、你的一切，让他知道你的心意，让他知道他在你心中有多重要。

作为妻子，我们在要求丈夫的同时，也应该腾出更多的时间自省：在携手同行的路上，我们为对方做了什么？

当他面临困难时，是否给了他你最热切的关心与体贴？当他遭遇挫折时，是否给了他你最温暖的理解与支持？当他获得成功时，有没有给予他最及时的祝福与尊重？

为什么我们总想着去要求别人，改变别人，却不想要求自己，改变自己呢？其实每个人都不应该妄想着去轻易改变对方，可以轻易改变的只有自己。只要你学会了改变自己，你就会发觉，对方也正做出同样的积极反应！

正如琳达的婚姻，她总想着让丈夫出人头地，既然他做不到那一步，又何必强求？其实，她也正在享受着许多女人享受不到的快乐，这就是她的幸福。而她没有看到的，恰恰是这一点。

离不开就不要说“离婚”

幸福的婚姻都是相似的，而离婚的原因各不相同。有些人因为性格不合、争吵不断而离婚，有些人因为对方的背叛而离婚，有些人因为婆媳关系不融洽而离婚，有些人因为生活平淡、没有激情而离婚……

婚姻就像花瓶，打碎容易补好难。在决定离婚之前，你一定要好好想想，他真的一点值得你留恋的地方也没有了吗？离婚毕竟是非常痛苦的一种选择。夫妻之间，最重要的是互相信任和彼此忠诚。再美满的婚姻，也有许多不如意，不要因为现实的婚姻和自己想象不同，就轻易地提出离婚。

沈露和丈夫马修多年的婚姻进入了僵局，尽管两人都还爱着对方，但是都不愿意给对方一个台阶下。自从前一次吵架，沈露气急之下说了要离婚，马修也马上表示无所谓。两人都表示，自己离开了对方，也许能活得很好。

双方父母和亲戚朋友多方调解，夫妻关系始终都没有好转。吃过晚饭后，两人开始商量分割财产的事宜。沈露的公公问："两个孩子怎么办？"

两个孩子都是沈露的心头肉，她对孩子的爱超过了对丈夫的爱。面对这个问题，她沉默了。丈夫气愤地瞟了她一眼，说："分，两个孩子一人一个。"

沈露说："两个孩子，我全要了，不用分！"

马修却说："每人各要一个，我要小女儿，你要大儿子！"

沈露再次重申："两个孩子，我全要了，不用分！"

"不行，我要小女儿！"马修瞪着眼，态度坚定地说。

沈露急了，忙将两个孩子拉到身边。马修气冲冲地过来将小女儿抢过去。俩人僵持不下，谁也不愿放手，小女儿就这样在中间被他们两人拉来扯去。

婆婆看到这个情景，气得当场晕倒在地，口中还喃喃地说："既然孩子那么重要，你俩为什么要离婚呢？"

沈露听到这话，马上松开小女儿的手，独自跑回卧室里，关门痛哭。马修抚摸着小女儿的头，也流下泪来。就因为婆婆的一句话，沈露夫妻俩重新和好。他们都开始问自己，有这么一个幸福的家，为什么还要分开呢？此后他们即使偶有争吵，也不再轻易说离婚二字。

家庭中有矛盾很正常，发生矛盾也不一定是坏事，矛盾处理好了，还会加深彼此的认识和两人的依赖感。只是千万要记住，发生矛盾时，要以解决问题为中心，有事说事，对事不对人，更不要拿离婚作威胁。

婚姻带给人们安全感和归属感。无论在外面受到多大的伤害，都可以从家里得到慰藉，获得温暖和力量。婚姻的维持，家庭的经营，从来都不是一个人的事，只要一方放弃了，另一方再怎么努力都无济于事。

大多数情况下，"离婚"二字都是在愤怒的状态下说出来的，目的是显示自身强势，不甘示弱。但是这种行为只会扩大分歧，加剧冲突，给解决矛盾造成障碍，无益于家庭的稳定和睦。

当然，也有很多人是经过深思熟虑后提出离婚的。比如，有的人对婚姻已经没有留恋，或是对方做了无法原谅的事，一时走不出这种阴影，因此提出分手。

还有些女人，会在孩子面前发泄对丈夫的怨恨，动不动就说：“我怎么跟你爸爸结婚了？”“早晚我得和他离婚！”“你和你爸一样。”这些话有时虽然只是说说，但是会对孩子幼小的心灵造成严重伤害。理智的女人，千万不要在孩子面前提“离婚”二字。

如果真动了离婚的念头，也要冷静下来，好好地问问自己：当初的爱哪去了呢？为什么不想着弥补一下呢？很多婚姻并不是没有挽回的希望，只要你还爱着对方，都可以去争取。当然，如果夫妻间感情确实已经破裂，无法挽回，任何牺牲、忍耐、欺骗，都是对双方最大的伤害。与其生存在没有爱的环境，不如还彼此宁静与自由。

婚姻不可当儿戏，既然走到一起，就不要轻易离婚，不要被一时的诱惑遮住了眼睛，以为离了婚就会比现在幸福。也许那只是海市蜃楼，走近了才明白一切都是虚幻。幸福的生活其实就在自己身边，珍惜自己拥有的婚姻吧！

U（Underline）底线

幸福感与底线高低有关

幸福感是婚姻的上线，安全感是婚姻的下线。不管是上线还是下线，追求的都是内心感受，这才是婚姻的真谛。

婚姻的底线与矛盾的阶段

现代婚姻生活中，大多数人认为婚姻的底线越来越高了。一项调查显示：超过一半的人不能容忍对方肉体或精神出轨，被专家诟病的家庭暴力，反而屈居第三位。孩子对婚姻的维系起着比较明显的作用，没有孩子时，超过 63% 的人不能容忍婚外情，但有了孩子后，这个比例降到不足 30%。

每一对夫妻在婚姻中都有自己的底线，什么是可以容忍的，什么是不能容忍的，大家都心里有数。比如，有些人绝对无法忍受婚外情，有些人则不能忍受另一半羞辱自己，有些人不能忍受另一半对自己的父母不孝顺，有些人则不能忍受另一半对孩子放任的教育方式。

不同时代的人，在特定的时代背景下，对婚姻也有不同的理解。20 世纪六七十年代出生的人，对婚姻的理解更多是包容、扶持、体谅等。而八十年代生人，追求的更多是婚姻质量、自我和个性。社会的多元化，导致现代人接触到更多的理念，对于婚姻的理解与期望也不尽相同。

你的婚姻底线是什么？什么情况下可能导致你的婚姻破裂？很多妻子也许会脱口而出：家庭暴力！资料统计显示：目前全国 2.7 亿个家庭中，遭受过家庭暴力的妇女高达 30%。家庭暴力不仅给婚姻一方造成了严重的身体伤害，而且还严重破坏夫妻感情，很容易引起婚姻纠纷。如果施暴的一方屡教不改，甚至家暴愈演愈烈，必然触及另一方的底线，家庭解体就是必然的了。

其他情况下，在面对婚姻底线时，也要十分慎重，因为离婚或不离婚，都要面对同样多的问题。没有证据证明，选择离婚或者结束不幸福婚姻的人，比选择继续婚姻的人明显生活得幸福。所以在面对某个阶段婚姻发生的问题时，不能一味地用底线来看待问题，应该正确认识问题的性质，寻求解决问题的方法。不过，夫妻间无论做什么都不能突破婚姻关系的底线，一旦超越底线，婚姻就会亮起红灯，最终很可能以离婚来解决问题。

面对现实矛盾，并不是所有的婚姻都是牢不可破的，再恩爱的夫妻也会产生各种各样的矛盾，处理不好，就会导致感情破裂。从心理学角度看，“感情破裂”要经过矛盾、防备、裂痕、破裂四个阶段。

第一阶段——矛盾。夫妻携手步入婚姻，经过蜜月期后，便会进入矛盾期。如果矛盾不能及时解决，就会演变成缠绕不清的争执。即使经过调解暂时得以解决，不久之后又会出现新的矛盾，导致内战不断。

第二阶段——防备。随着矛盾不断积累，夫妻从隔阂变为相互防备，也就是俗称的“同床异梦”。防备的形式大都表现为在财产和收入上互相隐瞒，或者瞒着对方与异性交往。为了防备对方抓住把柄，了解真相，双方在经济、社交等方面，甚至是个人事业、前途等问题上，都守口如瓶，层层设防，像防盗一样地戒备对方。

第三阶段——裂痕。隐私总有被揭露的一天。随着隐私逐步曝光，加重了对对方的防备心理，这必定会导致恶性循环，使关系最终出现裂痕。裂痕表现在情绪上是强烈的不满，表现在行为上是相互背离，互不理睬，井水不犯河水。

第四阶段——破裂。裂痕越来越大，无法弥补，表明感情彻底破裂。在这种情况下，要么离婚，分道扬镳，要么勉强凑合在一起，夫妻关系名存实亡。

谁也不想让自己的婚姻走到穷途末路。感情出现问题是很正常的事情，就看你怎么处理问题，化解矛盾。上面介绍感情破裂的四个阶段，就是想让大家评估自己的婚姻走到了哪一步。要防止感情破裂，应当在夫妻产生矛盾时就提高警惕，把矛盾解决在萌芽状态。

最后推荐两本书。一本是《为婚姻立界线》，这本书可以给你提供一种全新的视角，重新认识婚姻。另一本是《关系花园》，这本书可以让你更多地了解婚姻和者家庭带给你的影响，读后会让我们有更多的反思。

幸福不是“晒”出来的

网络上，经常有人把自己的幸福拿出来“晒”：拍一下老公送自己的礼物，写一些男朋友对自己呵护的点点滴滴，把婚礼的小细节拍成一个DV短片，然后寻找听众和观众……

晒幸福可以说是女人的通病。婚姻恋情幸福美满，大概是女人最得意的事情了。这份事业经营得好，就忍不住拿出来和大家分享一下，晒出来后，就等着接受别人的羡慕和赞扬。

女性本能地需要寻求安全感和认同感。“易求无价宝，难得有情郎”，是萦绕在广大女性内心的情结。如果这种倾诉和表达可以吸引同性羡慕的目光，那是一种很得意的感觉。晒幸福和接收回馈，都能让人觉得被需要、被注视、被肯定。可惜这种超高的关注度，有可能变成婚姻关系紧张的催化剂。

也有人认为，幸福不是晒出来的，而是做出来的，更何况高调晒幸福，会暴露自己的家庭隐私。

周静和丈夫结婚后分居两地。十一长假，丈夫放假回来，陪她出去玩了一圈，沿途拍了几百张照片。周静每天晚上回到酒店，第一件事就是打开电脑，把看上去最恩爱、最浪漫的照片发到网上，还绞尽脑汁把旅行中发生的趣事写出来。看着网友羡慕的回帖，周静得意极了。

有一段时间，网上流行“晒家庭收入”。看到一些网友的成果，周静不禁哑然失笑。三个网友中，家庭月收入最高是1.2万元，就算加上季度奖、年终奖，全年收入也不超过20万元，与自己的丈夫比起来，简直不值一提。

为了炫耀自己的丈夫，周静也发了一个帖子：结婚四个月，生活外支出就有5万多元，分别是：1.6万元的苹果电脑，9000多元的数码相机，旅游花了9000多元，两辆车的汽车保险1万元，往返机票6000多元……

论坛上风起云涌，有不少人留言，质疑周静打肿脸充胖子：她不过是小文员，丈夫也无非是公司驻外职员，绝对不可能像她说的那样花钱如流水。这可让周静火大了。为了证明自己真有钱，她干脆把丈夫在网上银行转账的清单截图，每笔花销的发票也拍下来贴在网上。没多久，周静成了朋友圈里实至名归的“富姐”，十足地风光了一回。

可是没过多久，丈夫出事了。由于负责的项目账目不对，她的丈夫被停职审查。虽然最终免去了牢狱之灾，可是刚起步的事业就这么被断送了。

当丈夫得知周静发帖的真相后，气得浑身发抖，一再质问周静。周静理直气壮地反问：“我只是说你对我的疼爱，还有你给我的钱而已，这没有什么啊？”丈夫这才明白，原来是她“晒幸福”毁了自己的事业，可她竟连错在哪里都不知道……

女人天生爱炫耀，爱攀比。家庭、生活、工作，无论什么都可以拿来“晒一晒”、“比一比”。这样一晒，就引发了很多人的羡慕、嫉妒、恨。如果像故事中的周静那样，把自己的幸福晒没了，岂不是得不偿失？其实，感受幸福的方式并不一定是炫耀和攀比，默默地在心里为幸福留个空间，以一种平常心来对待生活中的美好，岂不是更好？

有人说，幸福是一种无声的传递，如果你真的感到幸福，哪怕是陋室里住着，也不会感觉潮湿，不需要拿到大庭广众下晒。保护好你的“幸福”，给自己和爱人都留出可以呼吸的空间，少给他一些压力，也多给自己留一些余地，这种幸福就可以不断延伸。

婚姻是两个人的事，幸福或不幸福，自己知道就行了。炫耀是把双刃剑，没必要人前人后没完没了地炫耀。且不说人心叵测，婚姻原本充满变数，就算你真的很幸福，那也只是你自己的事情，说得多了，就会暴露自己的浅薄，听的人也会也觉得乏味。况且在人前把话说得太绝对，不给自己留有余地，一旦发生问题，很容易让自己陷于尴尬难言和无地自容的境地。

幸福太满了也会累人，它会成为感情升温的累赘和障碍。如果你把幸福昭告天下，在以后的时光里，哪怕你的感情生活起了变故，充满了苦涩，也会因为头顶幸福的光环，只能打掉牙齿往肚里咽。

人性是非常微妙的东西，人们时不时地需要从他人的窘况、逆境里获取一定的平衡感。要是你的日子过得十全十美，一帆风顺，只会让别人强烈地感受到自己人生的不如意，难免对你嫉妒、恨，这往往使你成了众矢之的，对你来说又有什么好处呢？

诚挚适度的分享，会带给周围人愉快，有时候也对他人起到激励的作用，但不是所有事情都需要时时刻刻挂在嘴边，拿出来炫耀的。

婚外情与婚外性

婚外情，刺眼却又充满诱惑力。古往今来，不知有多少人为此沉迷，有多少人为此陶醉，也不知有多少家庭因此破裂。爱和性到底哪个更重要？没有爱，性比较重要；没有性，爱比较重要。到底是爱在维系着性，还是性在维系着爱？每个人的体会或许都不尽相同，所以也就没有真正的答案，因为答案就在每个人自己的生活里。

林芊芊年过四十，尽管人到中年，却依然风韵犹存，看上去不过三十出头。她有着一份体面的工作和一个被外人称为绝世好男人的丈夫，还有一个漂亮的女儿。他们夫妻非常恩爱，家庭十分和谐，她也觉得自己是世界上最幸福的人。

但是自从十五结婚周年纪念日后，他们的关系发生了变化，丈夫无缘无故开始对她冷淡起来。即便如此，她也不想离婚，不想放弃这个苦心经营的家。于是，她开始把大部分精力放在工作上。

林芊芊的上司是一个颇有魅力的中年男人，很早就对林芊芊示好，可是林芊芊从来没心思跟他暧昧。在周末的公司聚会上，上司坐在她身边，不时地表现出关怀和体贴，林芊芊不由自主地被感染了，一杯接一杯的酒喝下肚，最终喝醉了。上司主动把她带回家，两人发生了关系。

从那以后，林芊芊开始与不同的男人交往，不停地穿梭在各地酒店，人类原始的欲望，让她暂时忘记了丈夫。但激情过后，她更加失落和痛苦。她心里仍然爱着她的丈夫，而丈夫的冷漠却让她感觉到耻辱，因此她便用堕落报复丈夫，理直气壮地一次又一次出轨。

婚姻是人生最大的冒险，而婚姻中，最大的冒险就是出轨。精神出轨和肉体出轨哪个更可怕？精神出轨和肉体出轨你能接受哪个，或者说你能原谅哪个？

一些人认为，肉体的出轨更可怕。当看到很有吸引力的异性时，人们很难控制自己，很难避免精神上“开小差”，而绝大部分人都不能容忍自己的爱人跟别人有肉体接触。

认为精神出轨更可怕的人则认为：如果只是肉体出轨，可能只是一时糊涂或冲动，夫妻关系还有挽回的余地；一旦精神出轨，就只剩下一具没有灵魂的躯壳。剩下徒有其表的婚姻有什么意义？

也有认为两种出轨都不可原谅。

无论是精神出轨还是肉体出轨，都需要理智地加以控制，有毅力也要有忍耐。虽然出轨让人难以接受，但并不是真的无法挽回。其实有时候只是你过不了自己这一关，才把对方拱手让人。

如果你觉得忠贞是你对婚姻的底线，那么就要趁早整理好自己的杂乱想法，和对方说再见；如果你不甘心因为这件事就失去来之不易的这一切，那就要重新振作起来，想尽办法让其自愿回归家庭。

无论是厨房还是厅堂，都要练得一手好“技术”。你可以时而玩点小花样，制造点儿小惊喜，带给对方焕然一新、眼前一亮的感觉，也可以给予对方一定的私人空间，给他培养小爱好的余地。即使这些爱好让你生厌，也好过让他外出偷欢。每个月或每个星期，夫妻双方约定一个时间，到某个地方散散步，看看电影，放松一下身心，在悠闲的时光中增加情感的交流，这是维系双方感情的一个卓有成效又简单易行的办法。

爱情需要保鲜，结婚之后，两个人也要有意识地继续进行恋爱，让双方爱的感受力和爱的能力不断增强。尤其是有了孩子以后，彼此对对方的关注度下降，这时夫妻双方都应该重视对方的需要，尤其是情感需要，并腾出足够的时间与对方交流。

总之，唤起双方共同的美好回忆，偶尔改变下自己的形象，都会增进夫妻关系。另外，在扮演好妻子和母亲这两个角色的同时，划定一条边界，清理周围的“野花野草”，展现出绝对的自信和对婚姻的坚持，同样会使你的婚姻更加稳定。

V（Veracity）诚实
真诚是幸福婚姻的基石

如果你欺骗对方，婚姻也会欺骗你。

谁都不比谁傻

有些时候，婚姻中出现问题，并不是某一方存在错误或缺陷导致的，而是夫妻关系维护出现了问题。在这样的家庭中，夫妻之间没有建立起一种可以相互信任的诚信关系，最终导致婚姻出现变故。

王琦芬是个非常要强的人，工作中积极进取，总想干出点成绩来。丈夫是个医生，工作很忙，每隔几天就要值夜班。他们夫妻每天晚上回到家很少说话，彼此交流最多的内容就是孩子的问题。

丈夫对孩子照顾得非常周到，感情也很深。平日里辅导孩子学习，给孩子做饭，接送孩子上学，这些事情都是丈夫一手操持的。夫妻俩没有太大的隔阂，即使丈夫对家庭付出的比较多，也毫无怨言。

这种日子过得四平八稳，平淡无奇。可这一年来发生的两件事，彻底伤透了她的心。

半年前，王琦芬发现自己有一笔10万元的存款，从自己的账户划到了丈夫的名下，事后得知丈夫把这笔钱投进了股市，可事先丈夫并没有和她商量。对于这件事，王琦芬非常气愤，可丈夫说投资股市是为了获得收益，以便给孩子创造更好的学习条件。对此她无话可说，这件事也就不了了之。

接着又发生了一件事情。王琦芬想贷款买一套大一点的房子，以丈夫的工资收入和公积金缴费年限，他一个人完全有能力偿还贷款。而且王琦芬已经打听清楚，只要一方有偿贷能力，就不用另一方提供单位收入证明。可是丈夫却骗她说，贷款需要有双方的收入证明。王琦芬拆穿他的谎话后，丈夫拒不认错。

王琦芬觉得丈夫在和自己耍心眼，对自己不够诚实，还一而再、再而三地欺骗她。从此之后，夫妻感情越来越淡，陷入长期冷战。

王琦芬觉得丈夫对自己有所隐瞒，甚至欺骗，所以对婚姻产生了怀疑的态度。不管丈夫这些行为出于什么原因，如果他能提前跟妻子沟通一下，或是打个招呼，王琦芬肯定也不会反对，夫妻之间也不会产生隔膜，至少她会感受到丈夫对自己的尊重。

坦诚相待是夫妻关系牢固的基础。可究竟有多少夫妻做到了这一点？夫妻间的诚实度究竟是多少？

加拿大一家婚姻研究机构就上述问题，对温哥华市1000对夫妇进行了调查。结果显示：37%的妻子和30%的丈夫会向配偶隐瞒收入和开销。有趣的是，收入越高的家庭，对金钱问题越敏感，向配偶隐瞒收入和开销的比例也越高。此外，还有28%的丈夫和18%的妻子向配偶隐瞒对他人的好感。至于对配偶过去的罗曼史，调查表明，50%的丈夫和53%的妻子选择主动向配偶坦诚相告，只有9%的丈夫和8%的妻子选择隐瞒。

在这个开放的社会里，人与人之间也许少了点信任感，多了点危机感，所以大家都极力想保护自己，给自己多一些退路。这里想说的是：夫妻之间坦诚相见是家庭和睦的根本。对于朝夕相处的人，既然将自己托付给对方，既然已经将两个人的命运紧紧地系在了一起，就不必存有什么顾虑，也不应该心存戒备。夫妻本来就应该坦诚相见，以诚相待，而不是刻意隐瞒，让自己生活在矛盾中，使自己感到愧疚，感到压抑。

要做到坦诚相待，沟通是不可或缺的。要尽量将问题消灭在萌芽状态，避免相互猜疑。在处理某些事情时，能够事前告知或商量，是比较稳妥的办法。假如夫妻因为一些小事产生误会，在相互猜疑中生活一辈子，那是多么压抑和痛苦的一件事情。

在坦诚相待的过程中，也许一方暂时不能理解你的想法。但是如果隐瞒事实，一旦真相被拆穿，就会增加两个人的间隙和隔阂，引发不必要的争吵与谩骂。也许我们觉得善意的谎言能换来更美好的结果，但是既然是谎言，就早晚会有被戳穿的一天。

当然，也不能说夫妻之间不能有各自的隐私。有的人出于猜忌、猎奇心理，爱打听对方的隐私，偷看对方的日记或信件，甚至强迫对方公开其隐私，这种做法只会把婚姻推向失败。哪怕是无关紧要的隐私被曝光，都会给对方带来伤害，只不过伤害大小不同而已，因此对于对方的一些隐私，还是不碰为好。

如何面对对方的谎言

电视剧《手机》中，严守一说了这样一句话："我们自从会讲话以后，只要一张口，就会撒谎。"有谁能保证自己从来没有撒过谎？不管是善意的谎言还是恶意的谎言，我们身边的每一个人都不同程度地撒过谎。

有些男人，明明下班后和朋友去吃饭喝酒，却给妻子打电话说正忙着加班；私下同女性朋友见面，回家跟妻子谎称碰上熟人，脱不开身。有些女人约见初恋情人，却撒谎说陪女伴逛商场买衣服；不想做家务，就谎称头疼不舒服。

其实夫妻间偶尔说些谎话，要点"骗术"，也是很正常的，有时无伤大雅甚至富有情趣。生活中的谎话，有时候甚至是必需的，就像炒菜必须加盐，煲汤必须加水，就像春晚上不能都是小品，但离了小品就形式单调一样。夫妻双方理应允许对方有一片自己的小天地，在心底深处珍藏一份个人的记忆。

有一位男士，不但长得英俊魁伟，而且满腹经纶，才华横溢。可是即便如此，连续结了三次婚，都以失败告终。后来他连女朋友都谈不上了，年近四十，依然孑孓一身。其实他没有什么大毛病，就是太"真诚"，因为他竟然把给女性朋友的书信、照片，以及每次约会、游玩的细节，都展现和讲述给妻子。试想，有哪一个女人可以忍受这样的"侮辱"？而他却始终不理解三位妻子先后离开他的原因。他认为自己从不隐藏自己的观点和个性，向妻子袒露心迹，难道太"真诚"反倒有错吗？

我们总是渴望真诚和理解，然而却很难拿捏真诚的尺度。过于真诚，不但毫无益处，还会引起对方本能的妒忌、反感、怀疑和抵触，严重的甚至还会造成感情破裂和婚姻中止。有些人只要求对方理解自己，却不愿意去理解对方，对自己的"婚外恋"或者其他缺陷，都认为很神圣很美丽，却不容许对方有一点"越轨"行为。

调查显示，婚姻当中，有48%的夫妻都拥有自己的秘密，也都因此对伴侣说过谎，谎言有关于金钱的，有关于孩子教育的，也有关于过去感情的。分性别来看，大多数女人隐瞒过自己的消费记录，而大多数男人会回避自己的失败。

有一篇文章讲述了这样一个故事。

一位中年农妇得恶疾住院手术。她的丈夫每天晚上都要到走廊里，用磁卡电话向在家里的儿子交代如何喂猪，如何放牛。

后来，一位病友偶然发现，这位丈夫并没有向电话里插IC卡，只是自说自话地对着电话嚷嚷。病友不解，问他为什么要撒谎。这位丈夫指了指病房，说电话并不是打给儿子的，而是故意说给妻子听的。

其实，他的全部家当以及猪和牛，都委托亲戚卖掉，给妻子治病了。为了稳住一直闹着要出院的妻子，他只好每天用这种方式来安慰她。

这个谎言是爱的谎言，但谁会谴责这个谎言呢？

生活中常有类似的谎言发生，但大多都是无伤大雅的。这些善意的谎言，磨砺着你对婚姻的耐性和对对方的信任。夫妻之间总会有些隐私和谎言，如果是善意的，不影响婚姻，彼此都要学会宽容对待。偶尔的谎言往往很美丽，小小的欺骗往往很诚实。

向爱人开放你的“朋友圈”

每个人都会有自己的“朋友圈”。每个人在成长过程中，朋友都起到举足轻重的作用。很多女人在婚前，都热衷于融入对方的圈子，但是结婚后，反而更喜欢二人世界，恨不得分分秒秒都和丈夫待在一起。有些女人甚至会限定丈夫的“朋友圈”，只要是自己不喜欢的人，就会苦口婆心地劝阻丈夫和他们断绝往来。她们只是凭自己的喜好，武断地缩小丈夫的“朋友圈”，这难免会有独断专行之嫌。

夫妻双方融入对方的朋友圈子，是维系夫妻感情的一个好方法。认识相同的人，了解相同的事情，就有更多的共同语言。此时的夫妻不仅仅是夫妻关系，还多了一种朋友关系。维系夫妻婚姻关系的，不仅有爱情，亲情，更多了一份友情。

根据最新研究发现，友谊在异性间产生的作用，对已婚夫妇和未婚情侣都非常重要。良好的夫妇友谊，会使婚姻满意度更高。与其他夫妇保持友谊，同样可以改善夫妻关系，提高婚姻质量。这种关系能让他们一起参加社交活动，一起度假，还能让他们一起渡过难关，一起分享快乐。友谊对夫妻生活产生的积极影响是不可估量的，这样的关系也是夫妻和睦相处和婚姻幸福的催化剂。

叶晴、周伟夫妻俩有一个相对稳定的朋友圈。这个圈子里都是多年的同学朋友，大家在一起很随意，聚会也就成了大家周末的特定活动。因为夫妻拥有共同的朋友，夫妻俩也变得"亲密无间"起来。

多年来，这个朋友圈子里的夫妻，感情生活都比较稳定。如果哪家的丈夫不守规矩，人民群众就会对他口诛笔伐，不会轻饶这个负心汉，甚至有可能将其驱逐出"圈"。更多的时候，大家相信群众的智慧和力量才是最伟大的，朋友们一同出谋划策，能够有效地缓解家庭危机。

另外，这个以家庭为单位的朋友圈，给人一种现世安稳的心理暗示。只要心里想着这一众朋友，大家就会感到温暖，所以谁都不想失去它。一旦夫妻翻脸，意味着失去的不止是一个家，还包括一群知心仗义的朋友。叶晴认为，有一个朋友圈的最大好处，就是当自己觉得无聊的时候，打一个电话，就可以约一大群人一起吃饭吃完饭还可以疯玩。因为人多，玩法也可以多种多样，而且想玩多晚就玩多晚，没有谁的丈夫或太太在家里电话狂催。长假来临时，还可以有计划地组织很多集体活动。有了相互照顾，旅行快乐也会成倍增长。

很多人在结婚后，参加任何活动都不愿意携带"家属"。特别是一些男人，刻意地回避跟妻子出双入对参加朋友聚会。在女人看来，把丈夫的朋友发展成自己的朋友，就有机会掌握丈夫的更多秘密，夫妻感情也会更有保障。

当然，如果把融入丈夫的圈子当成监视丈夫行为的一种方式，那么这个出发点是错误的。你接触他的朋友，是为了更好地保持你们的关系，为了赢得对方信任，而不是为了证实某些捕风捉影的猜疑。

女人融入丈夫的朋友圈，就要学会和他的朋友相处，以朋友的心态去了解他的朋友，也让他的朋友了解你的为人。这样，当你们有些小误会或者小矛盾的时候，那些朋友就能提供一些合理的建议。对于一个妻子，在融入丈夫的朋友圈时，你需要做的事是给足他面子。

现代社会中，并不是所有的社交活动都适合夫妻共同参加。对于那些工作目标不同、精神追求不同的夫妻，也需要各自拥有独立的社交圈。但生活在不同社交圈中的夫妻，也要保持思想上的沟通，做到虽然社交圈不同，但夫妻的价值观和生活观始终一致，切忌将社交圈绝对化、独立化，否则势必危及夫妻关系。

W（Win-win）双赢

两个人一起玩的双赢游戏

婚姻是两个人的事，要么双赢，要么双输，没有其他结果。

要么双赢，要么双输

有人认为，婚姻是双方精神的欣赏，只要两情相悦就行。也有人认为婚姻不是空中楼阁，无法做到不食人间烟火，物质基础是必不可少的。甚至还有人认为，对于婚姻，精神与物质一样都不能少，这样的人堪称完美主义者。但是我们也经常看到，当初为了爱情，不顾对方家庭贫困，毅然决然走到一起的夫妻，或者当初门当户对，条件相当，被大家普遍看好的夫妻，甚至是堪称天作之合的夫妻，最终却因为种种原因劳燕分飞，各奔东西。

范小琪和李建周结婚六年，并养育了一双儿女。范小琪自从生了孩子后，主要任务就是照顾孩子，丈夫则为这个家拼命赚钱。家庭和谐稳定，生活优裕，范小琪没有任何思想负担。

自从范小琪在一个联谊会上认识了各种人之后，就经常跑出去跟别人见面，收到各种各样的礼物，甚至连照看孩子也顾不上了。慢慢地，她变得对丈夫不耐烦，动不动就发脾气。

终于有一天，范小琪向法院起诉离婚。李建周虽然非常气愤，但是想着自己的全部财产都登记在妻子名下，只能忍气吞声请求妻子多考虑一下。谁知道范小琪态度很坚决。

后来，李建周通过一个私家侦探社，拍摄到妻子跟陌生男人约会的几十张照片和一些录音，以此作为证据，到法院起诉妻子与人通奸……

两人离婚后，一双儿女判给范小琪，李建周每月付5000元抚养费。可是范小琪不准前夫看望孩子，如果前夫强行看望孩子，就会遭到前妻亲戚的殴打。最后在前妻的搅和下，李建周的公司倒闭了，变得一无所有。

夫妻之间的斗争根本分不出输赢胜负，斗争越激烈，对两人的伤害越大。这样的斗争没有胜利者，两个人最终都会惨败。夫妻矛盾没有谁是谁非，互相让步便无是非；夫妻关系没有谁赢谁输，赢则双赢，输则双输。

婚姻其实就是两个人从个体单打独斗到团队齐心协力。遗憾的是，现在很多家庭组合没有做到优势互补，没有起到强强联手的效果，反而因为彼此处理不当，导致 1+1<2 的局面。这难道不是违背了婚姻的初衷了吗？对方加入自己的生活，不但没有为自己的生活增添色彩，反而成为生活提升的绊脚石，如果是这种情况，那么漫长的人生道路上，又怎么可能携手看尽风景，浪漫到老呢？

钟晓波和妻子欧阳婉婷共同创办了一家电子商务公司。创业初期，夫妻俩在人员的管理问题上分歧很大，并且发生过激烈的争执。妻子是海归，管理企业的模式习惯参考国外模式。钟晓波认识到，国外的管理方式确实比较先进，但是不能照搬西方的模式，需要结合企业的实际情况做出改变。很快，夫妻俩经过沟通达成一致，在工作上配合得非常默契。生活上，妻子每天六点半起床，边看新闻边准备早餐。为了让丈夫多睡几分钟，自己抢着上网看一遍新闻信息，做好记录放在丈夫的案头上，接着开始看公司的财务报表，查阅订单，策划活动……

一次钟晓波过生日，欧阳婉婷亲自下厨，精心制作了浪漫的晚餐，并且准备了红酒。出差外地的钟晓波本来因为有事赶不回来，后来因故取消了原定的计划，回家看到这一切，他非常感动，紧紧抱住了妻子。夫妻俩认为，挣钱是为了过更好的生活，而不是为了账目上冰冷的数字不断增加，有情趣的生活可以促进事业成功。之后他们约法三章，不在卧室谈工作，不带情绪回家，每周必须有一天留给孩子，空闲时则带父母或朋友旅游。

这对夫妻堪称是“双赢”婚姻的成功典范。婚姻不是光有爱情就会完美，而是需要用心去经营。婚姻的秘诀是：沟通、包容和欣赏，以及彼此珍惜并适度保持自我。实现“双赢”，这样的感情才能深厚牢固，这样的婚姻才会让人真正幸福。

婚姻不是战场，夫妻也不是敌人。一对原本陌生的男女，因为相爱而结婚，走进婚姻的目的是为了共创美好生活，而不是要比试高低，争个输赢。

是什么将婚姻打败

洁灵已经结婚四年了，可是一直对自己的婚姻不满意，总是感到婚姻生活让自己很累。她跟丈夫都是争强好胜的人，这在事业上也许是优点，可一旦将这种性格带入婚姻，则未必是好事。洁灵和丈夫平时几乎什么事都要一较高下，非得分出胜负，常常为一件小事争得面红耳赤，就连去哪家超市购物，两人都要争论一番。争论斗嘴的过程中，难免发生人身攻击——“你就是舍不得那点油钱！”“你去找个有钱人好了！”此类争吵四年多来就没断过。

婚姻中的爱情，早就融入到了琐碎平淡的生活里，磕磕碰碰再平常不过了。出现矛盾的时候，只要有一方主动求和，一切都能迎刃而解。每个人都有心情不好的时候，人在气头上，什么话都敢说，互不服输的结果只能是两败俱伤。主动息战，并不意味着某一个人成为失败者，而是双方都是婚姻中的胜利者，胜利的果实就是来之不易的婚姻和爱情。

在婚姻中，要达到双赢，就必须避免矛盾的产生。这里列出了几种容易触发夫妻斗争的焦点问题，供大家借鉴参考。

第一，彼此过分忙碌，冷落对方。很多女人，特别是女强人，会把大量时间和精力放在事业上，从而忽视了家庭。有些女性会想：我这么忙，还不都是为了这个家吗？但是，生活最重要的是过程，而不是以放弃现在的代价去争取将来。如果真是为了这个家，就应该彼此多一些关怀，随时随地给予对方关爱，这才是夫妻生活快乐长久的根本。

第二，经济负担沉重。结婚初期，爱情的甜蜜能冲淡一切。但时间久了，现实的问题就会出现。很多家庭经济负担很重，除了要应付家庭日常开支，身上还压着“房子”、“车子”、“孩子”三座大山，生活实在不易。俗话说，“贫贱夫妻百事哀”，在经济拮据的时候，如果双方缺乏共渡难关的信念，很容易引发家庭矛盾。

第三，重视孩子，忽视丈夫。孩子是婚姻爱情的结晶。女人爱孩子本身没有错，但是把所有的精力都花在孩子身上，视丈夫为空气，这就不对了。在照顾孩子的同时，不妨身边的另一半同样需要爱。你在为孩子选购奶粉的时候，不妨顺便给丈夫买一件衬衫或者一把剃须刀。当丈夫看到你为他精心挑选的物品时，一定会无比开心。

第四，对丈夫的期望值太高。每个妻子都希望自己的丈夫事业有成，可是生活有时并不能如你所愿。你认为凭自己的条件，完全可以找一个比他强的人，所以内心难免不平衡。可是换个角度想一想，也许他不是最优秀的，但很可能是最适合你并且是最爱你的。

第五，孩子的教育问题。年轻的父母都有教育孩子的一套理念，也都有“望子成龙、望女成凤”的心理。如果夫妇之间缺少沟通，没有统一意见，就会在孩子的教育问题上产生矛盾。有时候，双方父母也会拿出一套传统教育理论进行干涉，听谁的不听谁的，实在难以找到一个衡量的标准。

第六，日积月累的小矛盾。夫妻朝夕相处，当然免不了磕磕碰碰，吵架斗嘴是在所难免的。但是吵架和伤害对方是有区别的。如果双方只是带着愤怒的表情发表不同的观点，这是吵架；如果侮辱对方的人格，践踏对方的自尊，这便是故意伤害。伤害会留下阴影，伤害一次次累积，终将有一天演变成仇恨，而且爱之愈深，恨之愈切。

第七，其他人的加入。爱情和婚姻之所以美妙，是因为它只是两个人的事。一旦进入婚姻，参与的人就多了，人际关系自然变得复杂起来。婆媳矛盾，姑嫂矛盾，妯娌之间的矛盾，都会影响夫妻之间的关系，使两个人的矛盾升级为两个家庭的矛盾。

第八，双方差距越来越大。男人和女人之间本来就有差距，比如女人喜欢罗曼蒂克，男人却喜欢诺曼底；女人喜欢时装，男人喜欢的却是穿时装的模特。如果双方在日常生活中不能及时地交流与沟通，彼此之间不能相互帮助与实时调整，差距就会越来越大，终有一天对对方产生厌恶之情，那时双方就成了“相看两相厌”了。

第九，缺少性和谐。性爱是夫妻交流感情的一个必要手段，也是婚姻不可缺少的一部分。现代生活压力大，工作忙，夫妻性生活质量难免下降，在这种情况下，如果没有及时的感情交流，关系难免会淡化。

第十，感情生活没有新意。两个人一起生活太久，对彼此的一切都再熟悉不过了，没有神秘感，没有新鲜感，慢慢就会厌倦。当各自寻找新的刺激时，矛盾就产生了。其实生活本身就是平淡的，能够在长期的平淡中相依相恋，感受生活的美好和爱情的甜蜜，这才是婚姻的本质。

生活中，很多人的婚姻实际上是被细节打败的。两人从爱情走向婚姻，但婚姻绝对不是终点，而是一个新的起点，从这个起点开始，两个人的关系便向未来漫延。至于婚姻能否幸福，全靠夫妻双方努力去经营。

做丈夫背后的支持者

在人生的道路上，即使平平安安，也难免会有不顺心的时候，这时就需要我们多一些忍耐。只有忍耐清贫之苦，才能学会勤俭节约；只有忍耐默默无闻，才能学会宽容大度；只有忍耐挫折逆境，才能学会坚强；只有忍耐家庭变故，才能学会笑对人生。在追求的过程中，光有勤奋和聪明是不够的，除此之外，还要学会忍受孤独与各种冷嘲热讽。

阿红在供电局上班，二十多岁的时候嫁给了单位的同事。婚后，丈夫工作特别忙，经常下乡检查电路设备，三天两头不在家。阿红是个勤快的人，把家里大大小小的家务全部包揽了，就连一般该男人做的换灯泡、换煤气罐的事儿，也揽在自己身上，仿佛一切家务都是自己的分内事。丈夫面对妻子觉得很愧疚，很多朋友都认为阿红不值得这样做，可她觉得这很正常。

日复一日，丈夫依旧那么忙碌。除了工作以外，丈夫还报考了电大，业余时间要不断地学习，孩子出生后，也没得到父亲的照顾。阿红默默照顾家庭，抚养孩子，没有丝毫的怨言。

等到孩子三岁的时候，丈夫已经是单位的工程师了。阿红看到丈夫的事业迈上了一个新台阶，非常开心，觉得自己为这个家做出的牺牲和努力是值得的。没过多久，丈夫提出来想继续进修，但是以停薪留职作为代价。阿红考虑了很久，最终还是决定支持他。

几年来，阿红靠着微薄的工资支撑一家三口，再苦再累都没有向丈夫抱怨。不仅如此，为了和丈夫保持一同进步，她还利用业余时间学习财务知识，她相信自己的付出最终会有回报的。丈夫学成归来后，被原单位聘为总工程师，薪水也高了不少，全家人的日子过得有声有色。

后来，丈夫辞去公职，创办了自己的企业，他凭借过硬的专业知识和先进的技术理念，成为行业的带头人。丈夫认为，在这条不断追求进取的道路上，离不开阿红的支持，夫妻感情也日益加深。

谈到丈夫的成功，阿红说："作为妻子，要支持和相信他，千万不能急躁，成功需要忍耐。"如今，他们的企业越做越大，丈夫管理业务，她管理财务，家庭事业红红火火，让人羡慕不已。

生活中，多数妻子都会对丈夫寄予厚望，希望丈夫有所作为。有的妻子习惯拿别人的丈夫与自己的丈夫做对比，比较之后，往往觉得自己的丈夫在某些方面与他人有差距，还不够好，于是开始抱怨、唠叨丈夫。特别是以前不如自己的同学、同事超过了自己，更容易产生严重的不平衡，造成心理异常。

阿拉伯人有句谚语：为了玫瑰，也要给刺儿浇水。忍耐那些扎在心头的刺儿，即使心在流血，也要努力克制自己，平心静气。妻子要把自己的角色扮演好，不要让带刺的玫瑰花刺伤丈夫。

其实，男人的自信有时候需要女人给予。男人有时就像小孩子一样，需要妻子的鼓励、肯定、信任，甚至是赞美、崇拜和仰慕。妻子的鼓励和肯定，会大大提升男人的自信，激发其对外面世界的热情和斗志。

聪明的妻子是丈夫的加油站和避风港。面对丈夫一时的失意，她们不会埋怨和挑剔，她们懂得等待和鼓励，她们知道用正确的方法助他一臂之力，让他在事业上展现自己最优秀的一面。

婆媳之间的情感双赢

黄舒敏和张承中结婚后，跟公公婆婆住在一起。每个周末，黄舒敏和丈夫都睡到十点多才起床，这时婆婆早已从外面买菜回来，准备好早饭了。

几个月下来，婆婆实在忍无可忍，敲他们的房门唠叨："就知道睡懒觉，太阳都晒屁股了还不起来。"张承中听了嘻皮笑脸说："妈，我们起来了。"可黄舒敏完全不当一回事，继续懒在床上，嘴里还嚷着："老公，给我倒杯水吧，我渴了。""老公，吃什么早饭啊？我要喝牛奶！"

婆婆听了嘴上不说，心里来气。后来婆婆偷偷和儿子说："你说说你媳妇，已经结婚了，就不是小孩子了，要是这个样子，还是回娘家去住吧。"婆婆说了几次，可丈夫也没往心里去。

婚假过后，黄舒敏上班了。可是每天下班回家后，她的衣服扔得遍地都是，却从来都不洗。婆婆洗了几次，心里很不乐意，有一次故意把儿媳妇的一条裙子扔了出来。黄舒敏一看自己最喜欢的裙子被婆婆扔在地上，就跟婆婆吵了起来。张承中一听生气了，于是三个人纠缠了起来。黄舒敏败下阵来，气得回了娘家。

黄舒敏本来就是家中的小公主，丈母娘看到女儿受了气，也不干了。结果两个家庭越闹越僵，小两口谁也不让谁，坚决要离婚，婆家、娘家也互相数落个没完。

最终小两口还是办了离婚，没几个月的时间，结婚证就换成了离婚证。

在年轻的夫妻当中，"婆媳关系"是破坏夫妻感情的"恶性肿瘤"，仅次于第三者插足，是导致家庭内战的一大诱因。因为婆媳关系和家庭矛盾引发的离婚，可以说数不胜数。特别是实行计划生育政策以来，家里都是一个孩子，父母比较娇惯孩子，导致孩子养成了任性、自我的缺点，婚后很难与婆婆处理好关系。

婆媳之间一旦发生摩擦，不管谁对谁错，作媳妇的一定要懂得忍让，千万不能针锋相对。婆婆说什么，只管听着，等事后双方都静下心来，再梳理产生矛盾的原因，寻找解决的方法。这样一来，婆婆面子十足，自己今后也会想法子弥补过失，你在婆婆眼里便会成为一个识大体的好媳妇。在教养孩子的问题上，双方也要相互配合，彼此尊重。婆媳长年生活在一起，难免会发生一些不愉快的事情，这时就更需要相互谅解。

糟糕的婆媳关系被称为严重影响婚姻关系和质量的“恶性肿瘤”。前面分析了婆媳容易产生矛盾的三个原因，那么究竟该如何处理婆媳之间的关系？下面提出几点建议，希望能对你有所帮助。

第一，坦诚相待。媳妇要学会培养同婆婆的感情。如果婆婆和媳妇之间能像女儿和母亲之间那样站在对方立场看问题，婆婆和媳妇的关系也会像母亲和女儿之间的关系一样和睦、融洽。

作为媳妇，要多尊敬婆婆，学会谅解对方，体贴对方。比如周末出去郊游，做媳妇的不要只和丈夫、孩子去，把公婆留在家里，应该一同前往，这样婆婆也就不会产生寂寞孤单的感受。

第二，避免正面冲突。由于个性、生活习惯、传统观念不同，生活中的矛盾不可避免地会发生。婆媳之间出现分歧，产生矛盾时，一定要保持冷静的头脑。媳妇要在婆婆面前放下架子，犯了错误及时改正，这样有助于在婆婆面前保持良好的形象。

此外，婆媳双方平日有了矛盾，不要向邻居、同事或朋友乱讲。民间有一句俗语：“捎东西越捎越少，捎话越捎越多”。说的就是“传话”在人际关系中的不良作用。婆媳失和，向亲朋邻里诉说，传来传去，就会传得面目全非，从而加剧矛盾。

第三，交流沟通感情。作为儿媳，要主动和婆婆搞好关系。除了物质上孝敬老人之外，还要注意和婆婆做好感情交流，消除心理上的隔阂。只有及时沟通，双方的心理距离才会缩短。做媳妇的，平日里要经常向婆婆问寒问暖，每逢老人身体不适，更要悉心照料，使老人在精神上得到安慰。

第四、管好自己的老公。管理好丈夫的生活起居，能够让婆婆放心地把儿子交给你，不会指责你不会生活。此外，平时多跟丈夫交流，不仅能促进夫妻的感情，让他更信任你，也能得到有关婆婆的更多信息。掌握这些信息，有利于婆媳间的交流。

丈夫在婆媳间起着桥梁作用。由于婆媳之间缺少母子般的亲情，又没有夫妇那么密切，一旦出现隔阂便不容易消除。这个时候如果通过丈夫传话，表达你的想法，可以消除婆媳双方心理障碍，使婆媳关系和好如初。

此外，一些小活动也对婆媳关系和谐也起到很大的作用。夫妻两人可以一起给婆婆过生日；没事给婆婆买点小礼物，感谢婆婆为这个家做出的贡献；多说一些体贴、赞美婆婆的话，这样有助于婆媳之间的情感交流。

X（xout）删除

忘掉婚姻中的烦恼和伤害

把一些不好的记忆从头脑中删除，给记忆腾出更多的空间去收藏甜美和幸福。

伤疤揭得越多越不容易好

夫妻吵架的时候，都感到自己委屈，特别是女人总喜欢翻旧账，一时间新仇旧恨涌上心头，越说越气愤，越说对丈夫越不满，这样很容易使矛盾激化，有时候还会引发婚姻危机。

男人最反感女人翻旧账，因此对于那些成为过眼云烟的陈年往事不要穷追不舍。婚姻需要不计前嫌。每个人都有过去，过去的就让它过去好了，何必要去掀开那些不开心的陈年往事，自讨没趣呢？

霍敏23岁的时候，嫁给了比她大10岁且有过婚史的房建军。结婚5年来，他们一直是一对让人羡慕的模范夫妻，尽管时不时也会发生口角，但都能做到气不过夜，一笑泯恩仇。儿子出生以后，他们依然相敬如宾，甜蜜如初。然而，两年前，不愉快的事情发生了。

搬新家时，霍敏从旧屋阁楼里发现了一个箱子，里面有房建军和前妻的照片，还有一些小礼物。看到这些东西，霍敏心里的五味瓶一下就翻腾开了。

“你为什么要把这些信藏这么多年？这个人是不是比我好？是不是后悔和我结婚？留这些信是不是想再续前缘呀？”

尖酸刻薄的话语让房建军发懵，他一五一十地交待，前妻是他大学同学，两人结婚半年就离婚了，而且前妻现在已经嫁人，孩子都5岁了。从此以后，霍敏不但管紧了房建军的钱包，还管住了房建军的腿。

有一天，当霍敏得知房建军在帮前妻的孩子找学校、办户口时，霍敏认定房建军动的绝对不只是恻隐之心。夫妻争吵从此爆发，花样也越来越多，翻旧账成了家常便饭，争吵的心态也从解决问题变成了较劲。

霍敏想不通，常常破口大骂：“你就是个道貌岸然的伪君子，为什么你要欺骗我？凭什么人家孩子上学要你去管？幸亏被我发现，不然你是不是还想养别人的孩子啊？”

“当初不是你死乞白赖地追求我，我也不会嫁给你。有点能耐，你全用到别人孩子身上了，怎么不把这些精力花在自己儿子身上啊？”

房建军也不甘示弱，当即进行反击：“你也就是仗着家里有几个烂钱，一天到晚大呼小叫没个女人样。不是当初你家人讨好我，我还没到非你不娶的地步。我有前妻，你不是也有前男友吗？你交往过多少我不是不知道，难道你从来没跟他们联系过吗？你就跟你妈一个样，冷血，势利！”

吵架的时候“翻旧账”，是很多女人爱犯的毛病。女人总在想，男人的过错我是不会忘记的，他应该加倍对我好，从而得到心理平衡；其次，遗留了一些“历史问题”，没有得到男人的重视和解决，这让女人觉得被忽视和委屈；第三，“翻旧账”成了一种控制欲望的精神寄托，这是缺乏安全感的一种表现。

吵架的时候，如果夫妻不翻旧账，就事论事，只讲当前这件事情，两人的关系就会简单得多。一旦把几十年前的事情翻出来，吵架永远不会停息。过去的事情，如果你选择原谅和忘记，一切都会简单起来。

英文里面有两个单词很接近：forgive（原谅）和 forget（忘记）。要能够忘记才能够原谅，过去犯的错如果你能够接受，你就会原谅。比如，丈夫出轨后，请求原谅，既然你选择了原谅，在今后的争吵中就不要把这件事拿出来，试图让他屈服。过去的事情已经过去了，我们只有接受这件事情，原谅对方，才能够往前走。伤疤揭得越多越不容易好。

陈年旧账是女人心中的“痛”，但是这个“痛”是可以消除的。被旧账困扰的你，可以从以下几个步骤努力消除。

第一，不要有过高的期望。你要承认，不是爱人做的每件事情都能让你满意。

第二，关注积极的一面。写出你欣赏的爱人的 10 个优点，或者至少是你可以容忍的 10 个缺点。当你把注意力放在积极的事情上时，你就会有动力使事情朝着积极的方向发展。

第三，对事不对人。一旦发生矛盾，要就事论事，不要针对爱人某些缺点闹个没完。此外，争取当天的事情当天解决，不要带着坏情绪上床睡觉，否则会影响第二天的心情。

第四，选择合适时间讨论问题。找一个合适的时间和地点讨论令人心烦的问题。爱人刚刚下班或者正要入睡时，都不是合适的时间。你可以选择周末，在一家安静的茶座或咖啡厅解决问题。在这种安静的环境中，两人可以更冷静更理智地展开讨论。

把不好的回忆统统删除

人的经历是无法抹掉的，世上也没有忘情水可以让人忘掉过去。有好多人离婚多年，还在抱怨已经结束的婚姻，这种沉湎的结果，无形中把痛苦固化了，等于是把一时的伤害变成了永久的折磨。生活中有些痛苦确实是锥心的，但是要知道，痛苦之后的抱怨、消沉于事无补。

以前的伤害并不可怕，试着走出阴影，重新开始，寻找新的幸福。只要自己努力和坚强，这些是完全可以实现的。真正的爱情，是排除路上的阻碍，坚持走下去，而不是藏在黑暗的角落里孤芳自赏。爱的伤痛，有时候会刻骨铭心，但那些毕竟已经过去了。忘掉那些不愉快的过去，选择重新开始，才能拥抱全新的生活。

追究谁对谁错，没有丝毫意义，走好以后的路，才是至关重要的。为什么不把伤害看成是生命自我更新和提升的机会呢？难道我们不应该迅速地融入新生活，去找寻属于自己的快乐？

姜倩曾经有一个幸福的家庭，一份稳定的工作，老实敦厚的老公和可爱的儿子。除了家庭生活有些平淡之外，她还真挑不出有什么不满意的地方。34岁这年，姜倩的平静生活，被一个热情如火的男人打破了。

两年前，姜倩被单位派到外地培训，同去的还有邻市一位大她三岁的中年已婚男人。在后来的频繁接触中，这个貌似优秀多情的男人疯狂地爱上了她，继而对她展开了狂热的追求。发短信，打电话，送玫瑰花，烛光晚餐……姜倩跟丈夫是相亲认识的，哪里见过这样的阵势！姜倩被追得晕头转向，已经分不清激情和爱情的区别了。

这个已婚男人解释自己爱上姜倩的原因时，是这么说的：姜倩可爱、善良、纯真，虽然他自己也承受了很大压力，可最终却难逃这场桃花劫；自己做的这一切，都是发自内心的呼唤；姜倩是他的孤品，今后他也不可能再遇到姜倩这样的女子，也就断不会再如此动情。

在他的激情和温柔攻势下，姜倩的心理防线沦陷了。男人回家后如约离了婚，辞掉公职来到姜倩所在的城市。已经没有退路的姜倩，在亲人的万般劝阻中，毅然离开了前夫，舍弃了儿子，嫁给了他。

不幸的是，他们的激情维持了一年半之后，现任丈夫转眼爱上了另外一个“善良美好”的女人。很显然，这一次他也是“认真”的。

姜倩清楚地知道他会如何对待旧爱，没有多想就选择了离婚。只是相比第一次的离婚，这次她被伤得太重了。

她在个人空间里写道：我曾经爱过一个人，也被一个人爱过；我曾经伤害过一个人，也被一个人伤害过。经历了，也承受了，所以没必要再“降价处理”自己的生活和感情，一切随缘吧。一个人生活，其实也不坏。

女人最大的快乐，就是拥有一个充满爱的家庭。当爱已失去往日绚丽的颜色，心已彻底破碎的时候，辛苦维持并不能使生活更加圆满。不要把自己缠绕在痛苦的乱麻中挣脱不出来，要知道，放弃也是一种解脱，拿出勇气来开始新的生活，用自己的智慧创造新的快乐，要比长期生活在痛苦中更好。

生活中，有些东西是必须抛弃的，不管经历怎样的风雨，不属于自己的东西，注定不能强求。人生总是要向前看，有些记忆不适合再带着上路，否则只会让你活得更加痛苦，平添更多心理负担。所以要学会遗忘，让自己轻装上阵。学会遗忘，有选择地遗忘，漫长的人生将更洒脱，人生旅程也将处处充满亮丽的风景。如果生命中注定会有痛楚，那么，遗忘就是避免疼痛和伤害的最有力武器。遗忘不仅是一种美丽，也是一种禅意的空灵，它能让你摆脱一切的痛楚。只有忘掉那些心中的不快，才能把握青春，绽放美丽。

学会遗忘，并不是件轻松容易的事，因为许多忘不了又忘不掉的悲哀、耻辱是刻骨铭心的，这就需要我们用一颗平常心去看待问题。既然发生了，就注定无法挽回，如果你因错过太阳而流泪，那么你也将错过群星！

淡定地将小三踢出局

有人把结婚当成一项投资，爱情是本钱，“小三”属于额外支出。当有了额外支出，婚姻这项业务就会亏损。当额外支出超过婚姻中的爱情本钱，就要破产清算，那就是离婚。

女人经营婚姻，除了要学会增加本钱，增进和丈夫的甜蜜爱情，还要谨防“小三”打劫，这就是所谓的“防火，防盗，防小三”。否则，辛辛苦苦培养出来的好丈夫，就可能拱手让人了。孩子“失去”父亲，婚姻变成空壳，这是最不“划算”的事情。

朱珊珊与丈夫相恋8年，结婚6年，有一个活泼健康的儿子。两年前，她到外地工作，谁知道丈夫却与前女友旧情复燃。那个女人也有家，还有孩子。半年后，朱珊珊已觉察到丈夫有问题，经过跟踪调查，终于得到证实。丈夫似乎早有准备，第一个反应就是认错，并答应从此了断，以后好好过日子。

半年来，丈夫似乎很努力地改变，可朱珊珊总认为他们不会断。因为在这之后，丈夫和前女友还保持联系。朱珊珊跟那个女人谈过一次，对方表示她不会放弃自己的家庭，又说朱珊珊的丈夫给过她承诺。可是具体是什么，两个人都不说，这让朱珊珊很痛苦。

丈夫的外遇对朱珊珊打击很大，他们当初不能结合，是因为家庭的阻碍，并不是因为两个人的感情不好。丈夫的前女友，让朱珊珊失去了自信。

朱珊珊是个职业女性，不想因此放弃工作，因为怕最后两手空空，可她也不想放弃家庭。两人结婚后，经过几年的奋斗，买了房，买了车，最近的计划是攒钱供儿子出国留学。

曾经不敢想的，现在全有了，可是夫妻的感情却变质了。失去的能不能再回来，她感到很困惑。

男人找小三的行为，貌似理所当然。当初幸福美满的婚姻，经过三五年甚至十年八年，难免会产生“审美疲劳”，需要换一种新鲜口味，或者满足一下他们的征服欲望。对于女人来说，小三的出现，是对自己的一次严峻考验。

很多人对自己和配偶都不够负责任，因为孩子、父母、财产、名誉等问题，彼此消耗在没有幸福感的婚姻中，小三的出现，则加速摧毁了这些病态的婚姻关系。正因为有了那些坚持不懈的“小三”，才让女人认清陪在自己身边的那个人，并不是值得相守一生的伴侣。

面对丈夫的出轨，女人不能把问题全部推卸给丈夫和“小三”，要学会用智慧防患于未然，痛定思痛，总结失败经验，从“小三”身上学习长处和优点。即便挽回不了现在这段感情，也能在下一段婚姻中提高警惕。

首先，不要总是抱着我是受害者的观念。出现了婚外恋，三个人都是当事人。如果你的婚姻质量很高，怎么可能会出现第三者呢？遇到丈夫出轨，女人要尽量保持淡定，遇事不乱，要知道“小三”只不过是检验你们感情是否牢固的试金石。如果夫妻有坚实的感情基础，小三注定会在这场争夺战中出局。

其次，要反思自己。你要知道你并不是输给了第三者，而是输给了自己在婚姻中的失误。所以你要问自己，你的婚姻出了什么问题，是什么原因让老公离开你。

最后，积极沟通，解决问题。你不妨问问他，他喜欢她哪一点？你哪里做得不好？爱他，就给他一点空间，帮助他解决他和小三之间的问题。用一颗平常心去看待你们之间的情感，陷入困局的婚姻也许就会峰回路转，柳暗花明。

当婚姻的折磨明显大于离婚后的痛苦

婚姻需要努力经营，离婚并不是解决问题的最好方法，甚至算不上是一种方法，只是一种无路可退，却又不得不退的无奈之举。当初两人是相知相爱走到一起的，因此一定不愿意看到婚姻破裂，家庭解体。毫无疑问，离婚对于当事人的打击是巨大的，特别是对于女性来说，这很可能是致命的。可是离婚的伤害总是不可避免的，只是程度的轻重罢了。

年过40岁的袁紫仪，终于从离婚的阴影中走了出来。回忆起那场轰轰烈烈的离婚大战，即使儿子随了丈夫，自己没了房子，没了存款，袁紫仪也一口咬定她绝不会后悔。

22岁，袁紫仪就在父母的安排下嫁人了。丈夫工作稳定，待遇又好，对老人很孝顺，是个过日子的好男人。因为夫妻缺乏感情基础，虽然两人关系表面看起来还不错，但他们的婚姻中充满了分歧和矛盾。

随着儿子的出生、成长，儿子教育问题成为他们最大的分歧，丈夫“棍棒底下出孝子”的粗暴做法，让袁紫仪感到无法忍受。

生活在同一个屋檐下的两个人，却完全不是一路人。丈夫无法容忍自己被妻子蔑视，拳头成了他表达愤怒的方式。终于，袁紫仪带着满身的伤痕和一颗受伤的心，下决心离婚。

离婚之初的一段时间，袁紫仪自暴自弃，惶惶不可终日。这种情况持续了一年多，她忽然明白，没有谁能拯救她于水深火热之中。她下定的决心要保持自尊，即便失去婚姻、爱情、孩子和财产，都不能牺牲做人最宝贵的尊严。

离婚后的袁紫仪，把自己租来的房子拾掇得生活气息十足，工作之余去练瑜伽，跳拉丁舞，每周固定去做一次美容美体，甚至拾起了自己的艺术梦想，开始学习声乐。

在这个浮躁的时代，多少同林鸟终成分飞燕。有些离婚的女人，总觉得天塌了下来，找不到前行的方向，更有甚者还会为此自杀。多年的婚姻和习惯，没有办法一下子改变，这是必然的。只不过你要明白，没有了他，你依然可以活得精彩，活得潇洒！

离婚之后，你要习惯没有他的日子，学会调节生活，让自己洒脱起来。其实，离婚是另一种成长，在缘起缘灭的轮回中，你依然可以寻找到自己的幸福。离婚，代表着这扇门向你关上了，但另一扇门却会向你敞开。向你敞开的那一扇门，说不定正通往幸福婚姻的天堂。

20 世纪 90 年代，女歌手金炜玲曾红遍上海滩。就在事业达到顶峰的时候，她选择了隐退结婚。但是，生意上的亏损和意见的不合，却让这段婚姻以失败告终。最后她只能做钟点工来维持生计，还一度患上了抑郁症，并两度试图轻生。之后，在家人的帮助下，她走出了困境，重新振作了起来。

当夫妻感情确实不可修复时，当婚姻带给你的痛苦明显大于幸福时，当一切努力都徒劳无功时，也许离婚是你重获幸福的最好方法。感情的事有时不可强求，离婚其实也是一种解脱。那么，怎样做才能把离婚的伤害降到最低呢？

首先，要接受离婚的事实。离婚的伤痛很容易让人失去理智，有人会大吵大闹，有人会自残自杀。其实婚姻失败并不代表人生失败，面对现实，要尽可能让自己冷静下来，努力摆正自己的心态。

其次，减少离婚对孩子的影响。离婚可能对孩子造成不可弥补的伤害。夫妻应该好好协商，妥善处理孩子的问题，尽可能减少离婚对孩子造成的不良影响。

再次，重拾自信，找回自我。离婚对人的打击是非常大的，很大一部分人离婚后，就把自己封闭起来，沉溺于离婚的伤痛中不可自拔，心理也变得越来越压抑。这时一定要多跟亲人联系，多跟知心朋友倾诉。亲情友情可以让你感受到温暖，让压力与痛苦得到极大的缓解和释放。此外，也可以试着培养新的兴趣和爱好，转移注意力，不断充实自己，找回自信。

最后，不要急于再婚。离婚后，一个人处于情感的脆弱期，基本的判断能力受到影响，很容易被异性的关爱打动。这时候选择新的配偶，显然是极不明智的，存在着极大的风险，很有可能给下一次婚姻埋下隐患。当然，如果有非常合适的对象，再婚也是很好的选择，很多人都是在第二次婚姻中找到了自己的终生伴侣。再婚切忌急于求成，更不要抱着赌气的心态面对再婚。

Y（Yourself）你自己

建立自己的精神乐园

不要忽视了自己，你应该有自己的生活，有自己的兴趣爱好以及自己的圈子。

自己的婚姻自己做主

在现代社会生活中，结婚年龄推迟已经成为普遍现想，自由恋爱和结婚也已经成为主流，但是父母对子女婚姻的干涉却依然存在，这往往会造成两代人之间关系紧张，甚至反目成仇。

每个人看问题的角度都是不一样的，当爱情和亲情发生碰撞时，你选择做个听从家长安排的乖乖女，还是做个叛逆的不孝女？

一段时间以来，戴菁菁在父母的逼迫和安排下疯狂相亲。对于她的婚姻，父母一直强加给她这样一个观念：要嫁的男人必须有稳定的工作，最好是医生、老师、国家公务员，否则一律免谈。

从戴菁菁参加工作起，父母就不断插手她的婚姻大事。但父母托人介绍的相亲对象，都引不起戴菁菁的兴趣，而且还从内心里排斥。这些年，她一边敷衍父母安排的相亲，一边寻找自己喜欢的男孩。在这个过程中，她也遇到过让她动心的男人，但父母皆以对方工作不符合条件为由，挡在了家门之外。每次她尝试跟父母沟通时，父母都以“我们都是为你好”、“我们吃的盐比你吃过的米还多”、“你不懂”这类话来拒绝，甚至武断地对她使用家庭冷暴力。

现在戴菁菁成了典型的大龄剩女，内心疲惫不堪，还落得被亲戚朋友说“眼睛长在头顶上”，这让她非常苦恼。

小时候，戴菁菁所有的事情都是父母一手包办的，现在长大了，他们依然不放手，连婚姻都要干涉。戴菁菁不知道怎样才能让父母明白，自己是个有独立思想的人。

对于子女的婚姻，大部分父母认为对方家庭条件很重要。他们选婿往往最看重对方的家庭背景和财产，很少会顾及子女的真实感受。当然这也是可以理解的，毕竟是亲生骨肉，父母总是希望子女可以生活得更好。

子女在做任何决定前，最好和父母进行沟通，听取他们的意见。“当局者迷，旁观者清”，父母能够理性客观地对事情做出分析，评估你的意中人能否给你带来真正的幸福，在一起生活会发生什么样的问题。多听一听老人的观点，对于自己并没有坏处。

现实中，纠结于亲情、爱情之间，不知如何抉择的人不在少数。当你的恋爱、结婚遭到父母反对时，你会怎么做？坚持，还是放弃？

那些选择妥协的人认为，婚姻不只是两个人的事，也是两个家庭的事情，如果父母反对，那么这样的婚姻很难持续。也有不少人选择坚守自己的爱情，可真正的感情是需要考验的，不管是社会还是家庭的压力，都是俩人情感的试金石。结婚之后，你们需要用行动、事实去证明给所有人看，证明你们的选择是正确的。父母如果真的爱你，最终会被你们坚贞不渝的爱情感化。

如果恋情遭遇父母反对，也不必气馁，不妨灵活一点，与父母斡旋沟通，但要避免和家人发生正面冲突。首先，要知道父母反对的主要原因是什么，只要不是不可调和的矛盾，完全可以通过灵活的方式去协调解决。比如父母认为另一半性格有缺陷，那么不妨与另一半沟通，使之尽量改变性格里令父母不满意的地方，从而得到父母的认可。另外，制造一切机会，让父母与另一半深入接触，为加深双方感情创造契机。要坚信，只要你们真心相爱，最终会得到父母的肯定和祝福。

寻找真爱的道路上，必然会遇到一些坎坷。只要你们认定这份感情，就该珍惜这来之不易的缘分，不要轻易妥协和放弃，就当这是对爱情的考验。即使面对质疑和误会，也要坚定信念，用实际行动向周围人证明你们之间的爱。要用你们的努力，用真心真情去面对父母，打动他们，解除与长辈间的误会。如果你对自己的婚姻有信心，那么要好好把握，不要在意别人的看法，齐心协力营建一个幸福的家庭。

我们的婚姻不仅要自己做主，而且要做好主。即将走进婚姻殿堂，或者面对婚姻问题的时候，我们应该深思熟虑，谨慎决定，因为我们肩负的不仅仅是彼此的承诺，还有父母的期盼和孩子的健康成长。

婚姻以外的精神家园

结婚后，女人不应该丢掉自己的生活圈子，工作和照顾家庭之余，还要留一点空间给自己。要有三五知己，几项爱好，拥有一个属于自己的精神家园。

苏驰是个性格开朗、充满活力的女人，即使结婚后也没有太多改变。小时候，当别的女孩悉心料理自己的长发时，妈妈给她剪了个假小子头，那时苏驰的梦想是当一名军人。没想到长大后，她特别喜欢有女人味的东西。

婚后，她在丈夫的帮助下开了一家精品女装店，生意做得红红火火，事业不断跨上新的台阶。

她的女儿八个月大了，当别的女伴抱怨带孩子很累、很烦的时候，苏驰却一边照顾生意，一边照看女儿，乐此不疲。她说，有了女儿，自己的人生才算是完整了。女儿带给她的，除了快乐，还有成长。

当然，除了丈夫和孩子，苏驰也有自己的生活。她喜欢结交有思想、有上进心的朋友，她和朋友常常聚在有情调的咖啡厅或茶社，一边品茶喝咖啡，一边谈美容，谈生活，谈生意经……苏驰说，这是属于她的精神乐园，是她喜爱的快乐时光。

其实，只要你愿意，也可以跟苏驰一样，试着找个闲暇的日子，约上几个闺蜜，喝喝咖啡，拉拉家常，交流一下近况。也可以独自一人，给自己的心灵放个假，一边欣赏美景，一边享受书香妙笔美文，从书中汲取养分，让自己的内心更充实。只要愿意，你也完全可以建立自己的精神家园，活出自己的精彩。

也许有人会感到迷惘，不敢大胆地做出改变，始终踏不出第一步，不知道该如何建立自己的精神家园。那么，下面的建议可能对你有所帮助。

首先，要正确认识自己。不管你是女强人还是小女人，既要了解自己的优势，又要认清自己的不足，始终对自己有清醒的认识。

其次，充实自己，享受生活。在空闲之余，多关心社会热点问题以及休闲时尚趋势，开阔视野，提高自身的修养和学习能力。女人在充实自己的同时，也要懂得释放自己。“一张一弛，文武之道”。治理国家的秘诀，修身养性时也可以借鉴。健身、美容、旅行等活动，就是闲余放松自己的不错选择。女人要对自己负责，要不断充实自己，也要适当放松身心，这样才能更好地享受生活。

再次，不要太在乎对方。不要因为他没接你的电话，没回你的信息就黯然神伤；不必为他的疏忽大意、言而无信伤心欲绝；也不要因为自己一念之差引起的误会，而把伤痛变成仇恨。

最后，要照顾好大家庭。和丈夫、孩子构成的小家庭虽然过得舒心快乐，但也别忘了大家庭里的父母和兄弟姐妹。即使不能经常回家照顾父母，也别忘了打打电话，时常问候一下公公婆婆，了解他们的近况。寒天的一个嘘寒问暖，酷暑一杯降暑饮品，都会加深两代人的亲情。

灰姑娘变王妃不一定幸福

在一家电台的相亲节目上，一个女孩说出了她的择偶标准：名牌大学毕业，奥迪 A6 代步，有一幢别墅，可以继承家业或有大笔遗产……现实中，确实存在这样一些女人，恋爱结婚，都是冲着票子、房子、车子去的。她们不是不谈感情，而是将感情排在了丰厚物质和优越生活的后面。她们向往荣华富贵的婚姻生活，一心认定“干得好不如嫁得好”。

心理学研究发现，在收入水平较低时，收入的增加能在很大程度上提高幸福指数，而一旦收入达到一定水平，收入增加就无法提升幸福感。这一定律同样适用于婚姻中的幸福感，当基本的物质生活满足后，金钱对幸福感的影响将越来越小。

爱情不能买卖，婚姻也不是商品。女孩子都有一个“麻雀变凤凰”的梦想，期盼有朝一日嫁个有钱人，像灰姑娘一样穿上众人羡慕的水晶鞋，过上幸福美满的豪门生活。可这样的婚姻合不合脚，只有自己知道。很多女孩子总是在受伤后才懂得，幸福不能用金钱和物质来衡量，否则，所谓的幸福也只是泡沫，终有破碎的一刻。

近年来，女明星嫁入豪门，灰姑娘飞上枝头变凤凰的事件屡见报端，而梁洛施与李泽楷的分手也被炒得沸沸扬扬，颠覆了很多人的“灰姑娘”梦想。原本大家总喜欢看到“灰姑娘变王妃”的大团圆结局，可现实社会中没有童话。现实中的灰姑娘，即便一口气为对方生了三个儿子，最终也得不到妻子的名分，甚至连一笔补偿费都没有，便母子天各一方了。

婕妤自小家境贫寒，受了很多苦。长大之后，她就认为只有金钱才能保障婚姻幸福。于是她暗下决心，将来一定要嫁个有钱人，以婚姻来改变命运。

也许是她运气好，也许是多年努力必有回报，她还真的钓到了金龟婿。一场轰动全城的盛大婚礼，极大地满足了婕妤的虚荣心。婚礼上，婕妤既酸楚又兴奋，从此她可以跻身有钱人的行列，扬眉吐气。

成为阔太太的婕妤，生活发生了翻天覆地的变化，吃穿用度极尽奢华。可几年下来，原本靓丽的婕妤慢慢失去了当初的风采。丈夫也花边新闻不断，身边来来去去已经换了很多女人。婕妤很伤心，却束手无策，只能安慰自己说，他只是逢场作戏而已。

婕妤抛不下幼小的孩子，也舍不得放弃如此奢华的生活，只能对丈夫的胡作非为视而不见，忍气吞声地过下去。

婕妤拿爱情与金钱做交易，换来她渴望的东西，物质需求得到了满足，但她的尊严却被金钱赤裸裸地践踏了。她失去的是幸福，得到的是悔恨。

现在，人们将结婚无房、无车、无婚礼、无钻戒称为“裸婚”。在一项关于“你是否愿意裸婚”的调查中，有70%以上的女性表示不能接受裸婚，感觉没有房子的生活很没有安全感，很不靠谱。

不可否认，贫富状况确实会影响人们的幸福感。宽裕的经济条件能让人们拥有更好的物质生活，使人们更从容地享受生活。但如果认为有钱就有幸福，越有钱越幸福，那就大错特错了。

总之，金钱不是衡量幸福的标准，影响幸福的因素也不仅仅只有金钱。两个人如果能相互包容，才能相爱长久，长长久久才能称为幸福。只有谨慎而认真地选择最适合自己的那个人，认真地经营爱情与婚姻，才能收获真正的幸福。

Z（Zest）热情

热情让婚姻重获新生

有热情才会努力去经营。如果连你们都觉得“婚姻不过如此”，那就真的不过如此了。

婚姻需要热情来维护

结婚前，女人总是惦记着下班时，男朋友要主动接送；下雨时，男朋友第一时间把雨伞送到自己面前。可一旦结婚，女人就变得强大起来，甚至还可以冒着大雨，主动给丈夫送伞送饭。有了孩子之后，男人保护女人的功能似乎更是进一步退化，大部分带孩子的头疼事情都由女人完成，而男人似乎更喜欢待在外面，不愿回来面对琐碎的家务和唠叨的妻子。

胡岚结婚多年，有个上小学的女儿，孩子学习很主动，基本不需要操心。结婚前几年，夫妻关系非常好，丈夫很疼爱她，也正是因为这个原因，当初她才在几个追求者中选择了物质条件最不好，但是最爱她的他做老公。

经过俩人的奋斗，现在经济算得上是富足。但是结婚几年以后，胡岚感觉到两个人的感情慢慢变得平淡，丈夫对她的呵护似乎也不如以前。两人甚至大吵过几次，最严重的时候也说过离婚，但确实没有什么离婚的理由。即使这样，他们的婚姻还是被很多人羡慕。

胡岚总觉得婚姻里好像少了某些重要的东西，也许是激情、爱情、感动、欲望……但想想又不全是。有时候，她就想一个人到遥远的地方去旅行，幻想有一段艳遇，可总舍不得老公和孩子。她很苦恼，不知道这样的婚姻是否已经走到失败的边缘，不知道是不是生活太顺利，所以要求得太多。她觉得再也找不回这段婚姻的热情了。

胡岚受不了丈夫的热情消失，委屈得不得了。而他丈夫并没有外遇，只是热情变得平淡。也许男人觉得这很正常，可是女人已经难过得想要离婚了。婚姻是自我成长和爱情的新起点，从走入新婚的那一刻开始，就面临着家庭对自我的重塑与改变。在婚姻的磨合中，夫妻彼此会重新认识对方。如果你感觉丈夫开始变得冷淡，千万不要轻言“外遇”和“离婚”，因为他很可能只是逃避而已。

在很多婚姻中，外遇甚至可以成为一个婚姻升华的转折点，因为它可以使夫妻双方看清多年来累积下来的问题，并找出解决之道。对于外遇造成的伤害，一方面要持宽容态度，一方面要作有效的沟通，并作一些必要的改变。重新开始，或许能体验到过去从未有过的强烈热情和亲密感。

如今居高不下的离婚率和越来越多的剩男剩女出现，并不表示人们对婚姻失去了兴趣。相反，这表明人们对亲密关系的要求比以往任何时候都高。现代男女对婚姻的期望远高于过去，他们希望拥有一个爱的人生，也期待与一个合适的人幸福相守到永久。婚姻就像一种投资，我们对伴侣付出，也希望日后能得到更多的回报。而外遇却像一场赌博，仿佛把所有的积蓄扔进赌场。发生婚外情后，无论伴侣发现与否，影响都是存在的。在外遇事件中，无辜的一方会失去被重视的感觉。缺乏这种感觉，从前的爱与热情就无法持续，要想弥补回来，往往需要花费几年甚至一生的时间。

虽然离婚率居高不下，然而再婚率也很高。夫妻双方感情一旦消失，很多人都宁愿离婚，然后寻找另外一段可能相伴永远的真爱。有时候，婚姻关系不到生死存亡的边缘，就永远察觉不到自己深刻的爱以及对共同生活的渴望。经历过失去，人们才会懂得珍惜拥有。

制造意外惊喜

很多女人婚后感觉到丈夫对自己越来越不用心，恋爱时，总是努力营造浪漫氛围，增进彼此的感情，努力制造惊喜来拉近彼此的关系。婚后，丈夫就越来越不懂得浪漫。男人在婚后会迅速回归本色，恋爱时超常发挥的那些情商，之后就骤变为零。女人的情感需求却是随着两人在一起的时间与日俱增的，这就出现了一种不平衡。

其实男人也需要浪漫，只是多数时候不懂得如何去创造，或是由于工作压力无暇考虑。此时，妻子若能主动承担起营造浪漫情调的重任，婚姻生活会更加美满。

在平淡的日子里，女人要善于发现对方的心理需求，在恰当的时间创造出一份惊喜。比如，丈夫整天忙于工作，以至于忘记了自己的生日，做妻子的就要悄悄地为他准备。当他回到家里，突然见到妻子准备了生日蛋糕，幽幽的烛光照亮的屋子里充满温馨，心里该是多么温暖和感激。妻子也可以买一束鲜花送给丈夫，丈夫获得这个意外的礼物，同样会心生暖意。平日里为丈夫买一份心仪已久的礼物，也一定会让丈夫眼前一亮。

琦琦结婚四年。有人说婚姻走到这个阶段，夫妻双方会产生审美疲劳，婚姻生活也会因此变得平淡。可是琦琦的婚姻不但没有平淡，反而越来越有情调，越来越幸福。琦琦的“秘笈”是：时不时地制造各种惊喜，让平凡的婚姻生活，不断闪现出不平凡的光芒。

在一次和老公的闲谈中，老公无意中说：“我的 MP3 也该换成 iPod nano 了。”对于这件事，琦琦的老公仅仅是说说而已，可是琦琦却是一个有心人，一直记在心里。到了情人节，琦琦给了老公一个惊喜：她买了一个 iPod nano ，放在了送给老公的巧克力盒里。当老公打开盒子时，发现里面竟然躺着个 iPod nano，很是兴奋，接着又听到了琦琦和着音乐的祝福录音，老公感到从未有过的感动，紧紧地将琦琦搂在怀里。那一刻，琦琦真的好幸福！

琦琦平时特别爱吃零食。有一次她回到家，看到老公给她留了一张纸条：我把许多小零食藏在家里的不同地方，想知道都有啥，就去找找吧！于是，她立马开始东翻西找，还别说，真找到了不少好吃的呢：牛肉干、瓜子、芒果干、果冻……她每找到一样时，都觉得是一种惊喜。

想想看，这样的惊喜，是不是比他直接给琦琦更有情调？

心理学研究证实，浪漫的爱情是可以延续的。浪漫的爱情不是初恋者的“专利”，它也可以在长期的感情生活中得到延续和升华。一些聪明的夫妻早就意识到了这个问题，并想尽各种办法，给对方制造惊喜。

给对方带来出乎意料的惊喜，常会起到“兴奋剂”的作用，对于增进夫妻双方感情很有好处。瞒着对方将他在远方的亲人接来小住，为对方买一样他很想得到的物品，学做一道对方很喜欢的餐厅菜品等，都是创造惊喜的不错方式。要知道，惊喜之中可以开出缤纷的感情之花，也可以掀起欢腾的爱情热浪。

保持新鲜感的有用招数

丈夫向她提出离婚的时候，她愣了一下。经过一个晚上的考虑，她发短信给他：同意离婚，但有一个条件，离婚前每天必须回家吃晚饭，但是不可以在家里过夜，晚上出门之前要拥抱一下，期限是一个月。

就这样，他每天回来吃晚饭，出门拥抱。

到了第十天，女儿吃饭的时候讲了学校的事，他极有兴趣地听完，还给出了建议。他发现女儿长大了，是个大姑娘了。出门的时候，他在门口停下来，等她走过来，给了她一个拥抱。他觉得她有点瘦了。

第二十天，吃过晚饭，父女俩在客厅里聊得很开心。刚聊了一会，他的手机响了，是那个家里打来的电话。离开时，他照例给她一个大大的拥抱。他想，以前不管多晚，她从不会打电话催的。在分开的那一刹那，他看到她眼角有了细纹，心里有点酸楚——他觉得有点儿对不起这个为他付出青春的女人。

第三十天，女儿看到他回来十分高兴。饭后，他跟女儿在客厅里坐着，她在厨房里洗碗。他故意说得声高了一点，想让她听到："妞妞，今晚我可以留下来么？"女儿愣在那里，眼偷偷地瞄着厨房。当厨房再次传来洗碗声时，女儿跳起来抱住他："爸爸，欢迎回家！"

抱着女儿，他明白为什么她要在一个月后的今天做出决定：今天，是他们的结婚纪念日。

在很多人的观念中，结婚后，热情消失是理所当然的。多数人早已接受蜜月结束，孩子降临，夫妻间的热情慢慢消褪的事实。

根据一些婚姻专家和心理学家的建议，这里总结出了一些改善夫妻关系，让婚姻保持热情的小妙招，大家不妨借鉴一下。

1. 做一次实事求是的总结。对婚姻进行检查，找出婚姻生活中存在的问题，仔细思考应对方法，并做出改善婚姻关系的详细和长期计划。

2. 互相做一次交易。约定一个下午，妻子可以陪丈夫看球赛，前提是丈夫要陪妻子去做美容按摩。

3. 庆祝每个纪念日。让每个生日、周年纪念和假期都成为你们互表感情的契机，从而使爱情更深沉，更热烈。

4. 深入沟通。对一些重要的事情，如孩子、家务、金钱等，需要及时讨论并交换双方对这些事情的看法和态度，找出最佳解决办法。

5. 相互交换角色。如果总是丈夫洗碗，某个周末你可以争着去洗碗；假如总是妻子做晚饭，某一天丈夫可以一显身手，去准备一桌晚餐。

6. 定期约会。约定某天一起去看电影或话剧，或去餐厅共进美味佳肴，当然也可以做两人都喜欢做的其他事情。总之，要一起寻找并尝试双方都感兴趣的事情。

7. 帮对方做一件小事。例如在丈夫洗澡之前，妻子准备好毛巾和衣服，帮忙放好洗澡水。或者丈夫早上先起床，准备好早餐，并帮妻子把上班的东西准备好。

8. 一起散步。晚饭后可以一起散步，两人边走边交谈。每个月可以打破一次常规，尝试去做一件新鲜事。美国心理学教授苏珊·亨德里克博士说："做一些与往日不同的事，或用不同既往的方式去做某件事，可以使对方产生新的感受，使封存已久的爱意重新迸发。"

9. 共用一样东西。比如，打开一瓶饮料两人共享，而不是各开一瓶；买一支冰淇淋，两人一起吃，而不是各买一份。

10. 亲吻和拥抱。早晨上班前或是晚上回到家，两人一见面就亲吻或者拥抱，家里会天天充满爱的气氛。